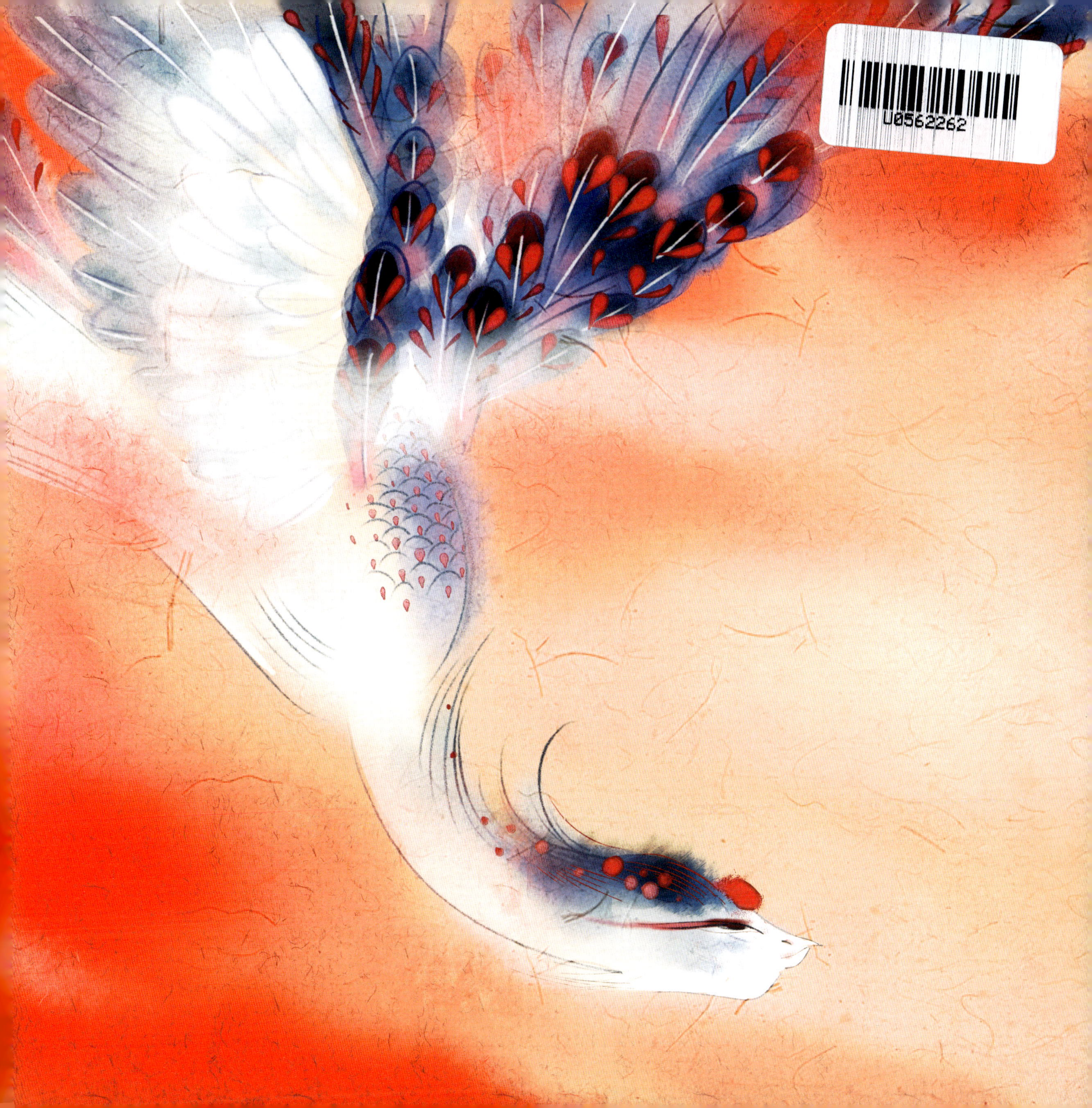

陪孩子读山海经

珍禽奇兽

罗曼 ○ 编著
尧立 ○ 绘

中国少年儿童新闻出版总社
中国少年儿童出版社
北京

目录

皇鸟	4
鹦脂	6
耕如	8
凤鸾	10
鸽窃	12
青瞿	14
婴比	16
翼毕	18
狌鹿	20
蜀	22
	24
	26

讹	28
狗	30
駮鼠	32
狳康	34
胐胐	36
黄马	38
吾狰	40
獱耳	42
犰当	44
胐乘	46
文骆	48
马	50
孟天	52

飞鼠	54
鼧鼠	56
九尾狐	58
长右	60
蛮蛮	62
夫诸	64
山膏	66
狿狼	68
狙如	70
狢即	72
梁渠	74
闻獜	76
鲑	78

鱬	80
赤鱬鱼	82
文鳐鱼	84
冉遗鱼	86
鳖鳛鱼	88
鳛鱼	90
飞鳋鱼	92
旋龟	94
巴蛇	96
导读	98

凤皇

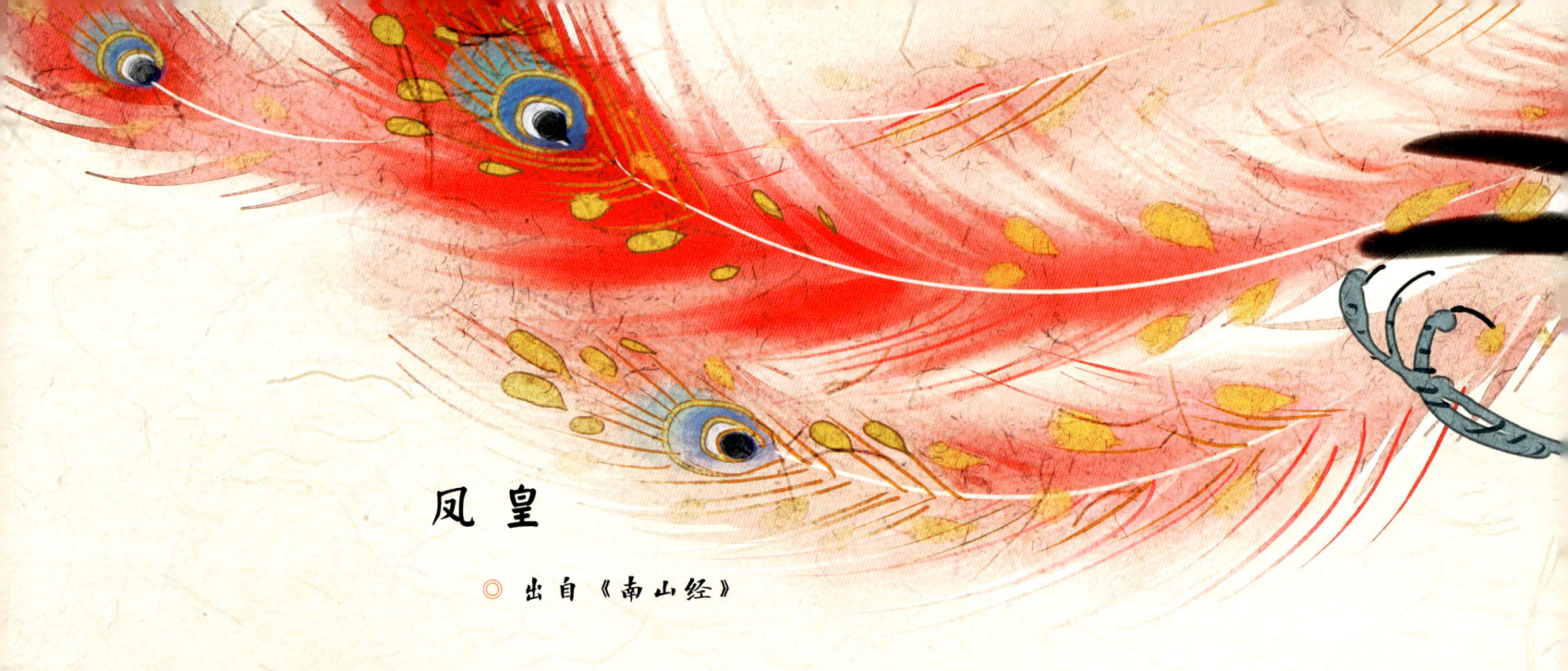

◎ 出自《南山经》

丹穴之山,其上多金、玉。

丹水出焉,而南流注于渤(bó)海。

有鸟焉,其状如鸡,五采而文,名曰凤皇,

首文曰德,翼文曰义,背文曰礼,膺(yīng)文曰仁,腹文曰信。

是鸟也,饮食自然,自歌自舞,见则天下安宁。

◎ 亦见《大荒西经》

有五采鸟三名:一曰皇鸟,一曰鸾(luán)鸟,一曰凤鸟。

凤皇:即凤凰。 采:即"彩"。 文:花纹。 膺:胸。

说文

　　凤凰是中国古代最著名的神鸟,大荒中飞舞的五彩鸟,也都是它的族类。

　　凤凰的羽毛分为青、白、赤、黑、黄五色,在全身交织出美丽的花纹,其中有几处甚至形成了文字。头顶是"德"字,翅膀上是"义"字,背部是"礼"字,胸口是"仁"字,腹部是"信"字。仁爱、正义、知礼、守信,都是中国古人推崇的优良道德传统,拥有这些花纹的凤凰就成了高洁与美德的象征。

　　古人把凤凰视为祥瑞的征兆,认为它的出现预示着天下太平。传说,五帝之一的少昊金天氏即位时有凤凰飞来,从此他的部族就以凤凰作为图腾;周朝兴起之时,也有凤凰在他们部族的发祥地岐山上鸣叫,周人的诗歌《卷阿(quán ē)》里还留下了"凤凰鸣矣,于彼高冈"的句子。

鸾鸟

◎ 出自《西山经》

女床之山,其阳多赤铜,其阴多石涅(niè),其兽多虎、豹、犀、兕(sì)。

有鸟焉,其状如翟(dí)而五采文,名曰鸾(luán)鸟,见则天下安宁。

石涅:黑石脂。又称石黛,可制墨。
兕:犀牛一类的动物,皮厚,可以制甲。
翟:长尾的野鸡。 鸾:凤凰一类的鸟。

说文

　　鸾鸟是凤凰的族类，它的羽毛同样五色兼备，但是以青或赤色为主，身后拖着长长的尾羽。和凤凰一样，它的出现也预示着天下安宁。西周成王时，天下大定，四夷宾服，西方的戎族就曾经献上鸾鸟作为贡品。

　　鸾鸟主要栖息在西方的女床山中。唐代诗人李商隐写诗说"女床无树不栖鸾"，成群的鸾鸟在一起歌舞栖息，是仙境中才会出现的美景。但是，也曾经有鸾鸟孤单地落入人间。

　　传说，西域的某个国王捕获了一只鸾鸟，并精心饲养，可是三年过去，鸾鸟一直沉浸在孤独与悲伤中，不鸣一声。后来，人们把一面镜子放在鸾鸟面前，它见到自己的身影，以为是久违的同类，发出一声悠长的悲鸣，就死去了。从此，鸾鸟又成了忠贞的象征。

鸰𫛢

◎ 出自《中山经》

瑰山,其阴多㻬琈之玉。

其西有谷焉,名曰雚谷,其木多柳、楮。

其中有鸟焉,状如山鸡而长尾,

赤如丹火而青喙,名曰鸰䳩,

其鸣自呼,服之不眯。

㻬琈:美玉。 楮:一种树木,树皮可造纸。
眯:梦魇。

说文

　　麇山的北面出产美玉，西边有一座山谷，叫作雚谷，长满了柳树和楮树。山谷里住着一种奇特的鸟，名叫鸰鹛。它的样子像一只尾羽很长的山鸡，羽毛通红如火，嘴是青色的。据说，人如果吃了鸰鹛的肉，就再也不会做噩梦，不过它住在那么遥远的山谷里，应该很难被人抓到吧。

　　鸰鹛的名字是怎么来的呢？它的鸣叫声很独特，像是发出类似"鸰鹛"的音节一样。于是，第一个发现这种鸟的人听到它的叫声，就干脆把这两个音节当作它的名字了。

窃 脂

◎ 出自《中山经》

崌(jū)山，江水出焉，东流注于大江……

其木多楢(yóu)、杻(niǔ)，多梅、梓(zǐ)，

其兽多夔(kuí)牛、麢(líng)、㚟(chuò)、犀、兕。

有鸟焉，状如鸮(xiāo)而赤身白首，

其名曰窃脂，可以御火。

楢：一种质地柔韧的树木，可做车轮，也用来取火。
杻：檍树。 麢：即"羚"。
㚟：青色似兔的动物。 鸮：猫头鹰。

说文

崌山是个草木葱茏的地方，山上长满了楢树、杻树、梅树和梓树。这得益于江水的滋润，它从山间发源，向东流去，最终汇入长江。山林间各种兽类出没，既有神奇的夔牛，也有常见的羚羊、犀牛等，大多是食草动物。

山中还栖息着一种神奇的鸟，它长得像猫头鹰，颜色却要鲜亮得多，头上的羽毛洁白，身上的羽毛艳红。凡是有它的地方，永远不会发生山林火灾。所以，它被赋予了"窃脂"这个名字。顾名思义，容易燃烧的油脂都被偷走了，哪里还能点起火来呢？可以说，窃脂鸟就是崌山山林的守护者。

青耕

◎ 出自《中山经》

堇(jǐn)理之山,其上多松、柏,多美梓(zǐ),

其阴多丹雘(huò),多金,其兽多豹、虎。

有鸟焉,其状如鹊,青身白喙(huì),白目白尾,

名曰青耕,可以御疫,其鸣自叫。

丹雘:红色矿物,可制颜料。

说文

堇理山上长满了苍翠的松柏和笔直的梓树。山的北面出产黄金，还有一种红色的矿石，可以制作朱红颜料。但是山中虎豹之类的猛兽很多，要来这里采矿可不是容易的事情。

山里有一种灵鸟，名叫青耕。和鸲鹆一样，青耕的名字也来自它独特的鸣叫声。青耕长得像喜鹊，但是遍身羽毛纯青，只有嘴巴和尾羽是洁白的。更加特别的是，其他鸟的眼睛大多是漆黑的，就像两颗小黑豆，可青耕的眼珠却是纯白色的，像珍珠一样。

据说，在那些瘟疫流行的地方，只要青耕飞来，疫病就会消散。如果谁能够饲养它，谁就再也不会生病，不用吃那些苦药了。读到这里的你，是不是也想养一只青耕呢？

瞿如

◎ 出自《南山经》

祷(dǎo)过之山,其上多金、玉,

其下多犀、兕,多象。

有鸟焉,其状如䴔(jiāo),而白首、三足、人面,

其名曰瞿(qú)如,其鸣自号也。

䴔:赤头鹭。

说文

　　祷过山中出产黄金、美玉,山脚下成群的犀牛、大象在草木间徘徊。山里有一种名叫瞿如的鸟,它的名字也和叫声一模一样。

　　远远看去,瞿如的体形和姿态就像是䴔鸟,也就是俗称的赤头鹭。赤头鹭是一种水鸟,它头部的羽毛是红色的,尾羽很长。但是细看起来,瞿如长得更加奇特,它有三只脚,头部的羽毛雪白,还长着一张人脸。

　　"瞿"字最早的含义是鹰隼受惊时睁大眼睛左顾右盼的样子,不知道瞿如鸟是不是也有一双锐利明亮的眼睛呢?

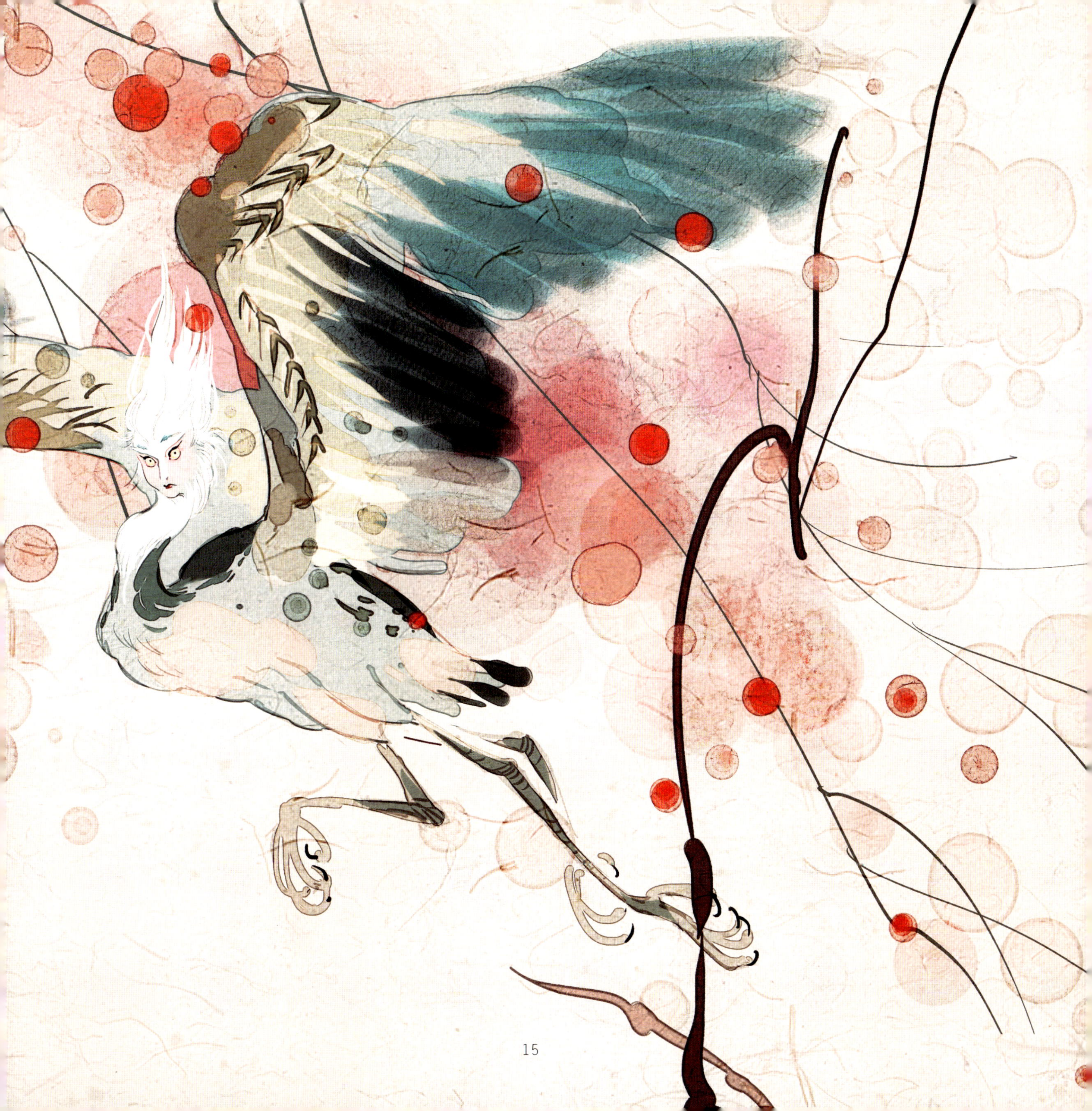

婴勺

◎ 出自《中山经》

攻离之山，淯(yù)水出焉，南流注于汉。

有鸟焉，其名曰婴勺，其状如鹊，

赤目、赤喙、白身，

其尾若勺，其鸣自呼。

说文

淯水滔滔，向南流去，汇入汉江。它的发源地是位于中原一带的攻离山，山中有一种奇鸟，名叫婴勺。

婴勺的模样像喜鹊，但是通体羽毛纯白，眼珠和嘴是红色的，长长的尾巴像一把勺子。虽然婴勺的名字来自它的鸣叫声，但是"婴"这个字在古代汉语中也有穿戴、装饰的意思。它勺子一样的尾巴，或许也是一种别样的装饰吧。

后来，有一位聪明的古人还仿照婴勺尾巴的模样，制作出了一种舀酒的勺子，名叫鹊尾勺。把它放在酒面上，勺子就会随着制作者的意念滴溜溜地旋转，就像活灵活现的鸟尾巴一样。

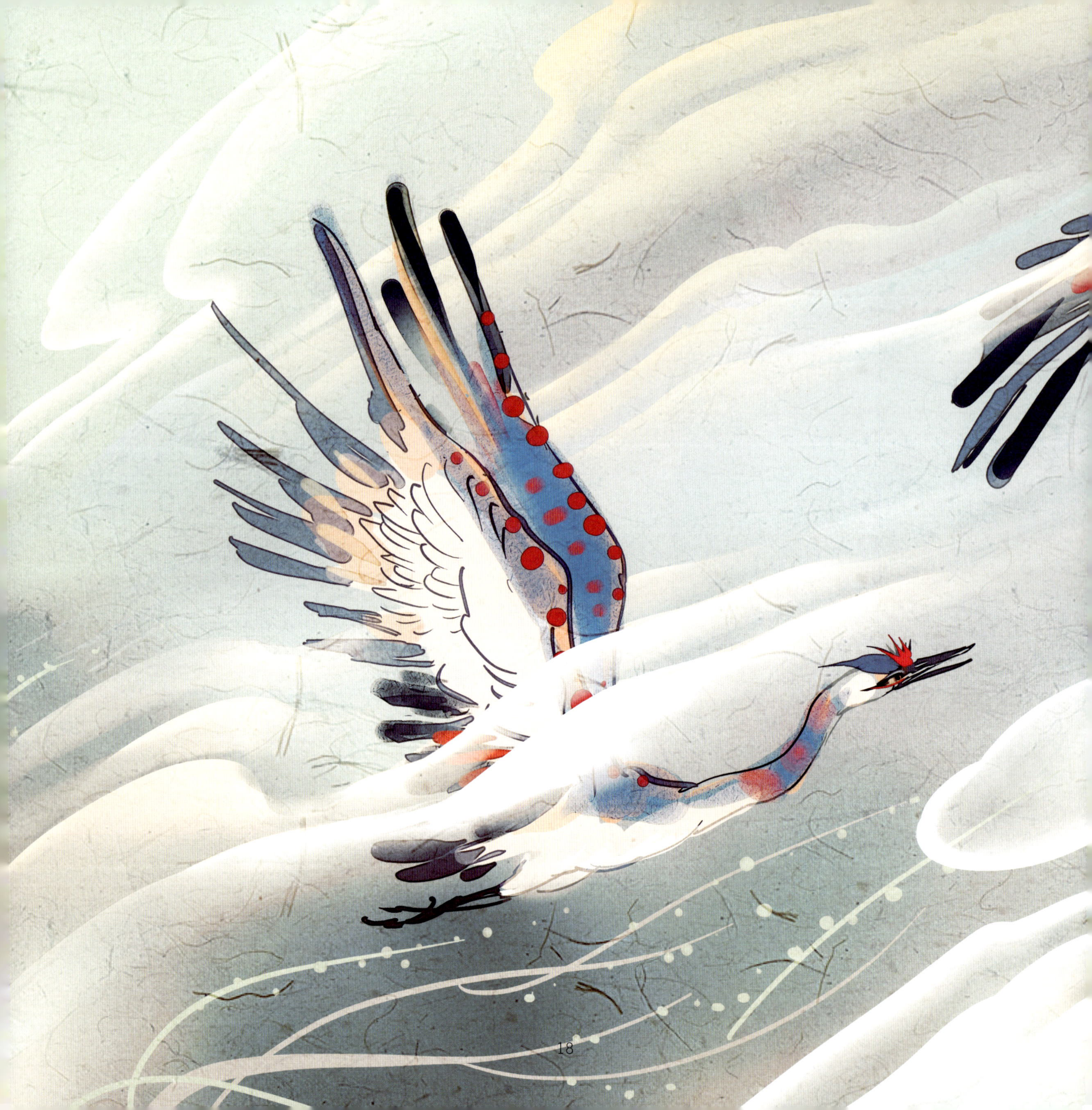

比翼鸟

◎ 出自《海外南经》

比翼鸟在其（南山）东，

其为鸟青、赤，两鸟比翼。

说文

　　比翼鸟生活在南山的东边，模样有些像野鸭，只不过羽毛的颜色是青红相间的。它们飞翔时始终成双成对，所以被叫作"比翼"。

　　由于比翼鸟成对出现、永不分离，古人把它们看作夫妻美满的象征，甚至认为一对比翼鸟能够死而复生，重新聚在一起。唐朝大诗人白居易还留下了"在天愿作比翼鸟，在地愿为连理枝"的动人诗句。

颙

◎ 出自《南山经》

令丘之山，无草木，多火。

其南有谷焉，曰中谷，条风自是出。

有鸟焉，其状如枭(xiāo)，人面四目而有耳，

其名曰颙(yóng)，其鸣自号也，见则天下大旱。

条风：东北风。立春时的风。　枭：猫头鹰一类的鸟。
颙：指一种怪鸟。

说文

令丘山上没有草木，却到处燃烧着一簇簇的小火苗，就像一座火焰山。山南有一座山谷，叫中谷，每年立春时候吹起的东北风就源自这里。

山中住着一种怪鸟，名叫颙，这个名字也源自它鸣叫的声音。颙的身体像猫头鹰，面容却像人，脸畔还有双耳，要不是脸上长着四只眼睛，简直和普通人的脸毫无区别。

颙平常都藏在令丘山里，很少到有人烟的地方去，但是只要它出现，天下就会发生严重的旱灾。令丘山的火焰，还有东北风吹起时干燥的天气，或许都和颙能带来干旱的能力有关吧。

毕 方

◎ 出自《西山经》

章莪(é)之山,无草木,多瑶、碧……

有鸟焉,其状如鹤,一足,赤文青质而白喙(huì),

名曰毕方,其鸣自叫也,见则其邑有讹(é)火。

◎ 亦见《海外南经》

毕方鸟在……青水西,其为鸟人面一脚。

瑶:美玉。 碧:青绿色的玉石。
讹:怪诞虚妄。

说文

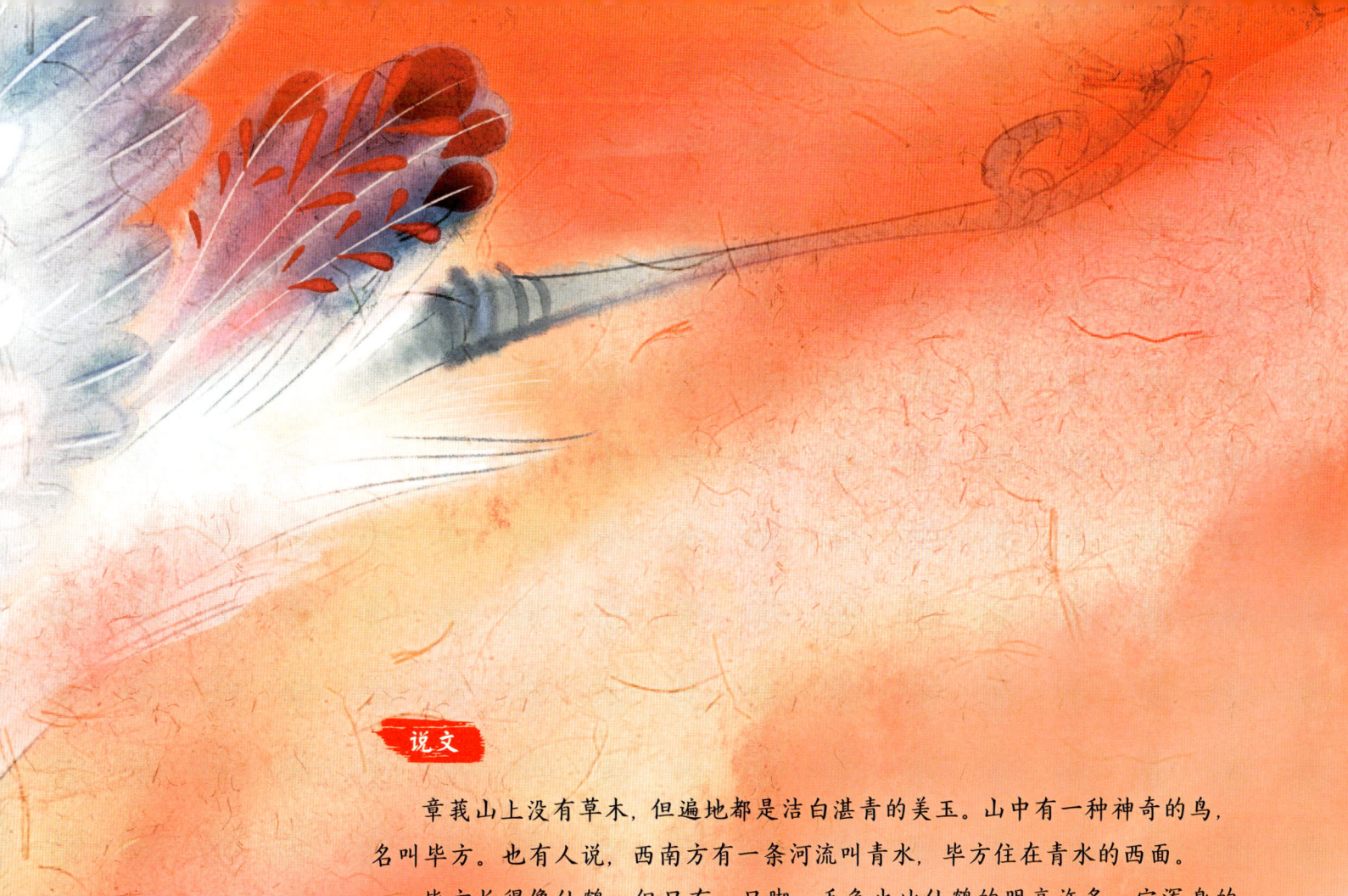

　　章莪山上没有草木,但遍地都是洁白湛青的美玉。山中有一种神奇的鸟,名叫毕方。也有人说,西南方有一条河流叫青水,毕方住在青水的西面。

　　毕方长得像仙鹤,但只有一只脚,毛色也比仙鹤的明亮许多。它浑身的羽毛主要是青色,但是遍布红色的花纹,嘴则是白色的。在部分记载里,它还长着一张人脸。

　　毕方是木之精怪,因此能够引发火灾,它在哪里出现,哪里就会莫名其妙地起火。它居住的山中寸草不生,大概也是因为经受过好多次火焰的洗礼。不过,黄帝在泰山召开鬼神大会的时候,毕方也曾带着火焰护卫在黄帝的龙车旁,这就让它的形象更近似一只神鸟了。

狌 狌

◎ 出自《南山经》

招摇之山……有兽焉,

其状如禺而白耳,伏行人走,

其名曰狌狌,食之善走。

◎ 亦见《海内南经》

狌狌知人名,其为兽如豕而人面。

禺:白面黑颊赤目的长尾猴。 狌:同"猩"。 豕:猪。

说文

　　狌狌住在招摇山中。它的模样就像一只白面黑颊的长尾猴，耳朵是白色的，能够脸朝地面，用两只后脚站立行走。传说人如果吃了它的肉，就能够健步如飞。

　　在另外的传说里，狌狌的身体像猪，但是长着人脸。长成这种样子的狌狌相当聪明，知道一切过去的事情。如果有人从它面前经过，它能叫出那人的名字。但是狌狌喜欢喝酒，一喝就醉，只要猎人用酒来引诱它，它一定会被抓住。

　　所以，狌狌再怎么通晓万事，也不过是一种聪明的动物。知道那么多过去的事情有什么用呢，它不是一样看不清自己喝醉酒之后的未来吗？

26

鹿 蜀

◎ 出自《南山经》

杻(niǔ)阳之山,其阳多赤金,其阴多白金。

有兽焉,其状如马而白首,其文如虎而赤尾,

其音如谣,其名曰鹿蜀,佩之宜子孙。

谣:不用乐器伴奏的清唱。

说文

  杻阳山的南坡出产赤金,北坡出产白金,是一座非常富饶的山。这座山里还住着一种漂亮的动物,名叫鹿蜀。

  鹿蜀的样子像马,头部是白色的,尾巴是红色的,身体的其他部分都遍布黑黄相间的虎纹。它的鸣叫声就像是有人在唱歌。据说,用鹿蜀的皮毛做成衣服或者饰物,穿戴它的人就可以子孙昌盛。中国古人很重视家族的绵延,所以就把鹿蜀看作吉祥的动物。

猼訑

◎ 出自《南山经》

基山，其阳多玉，其阴多怪木。

有兽焉，其状如羊，九尾四耳，

其目在背，其名曰猼訑（bó yí），佩之不畏。

说文

  基山的南面出产美玉，北面都是姿态怪异的大树。山中徘徊着一只叫作猼訑的奇兽。猼訑的样子像羊，但是细看起来比羊奇怪多了，它有九条尾巴，四只耳朵，而且，脸上该长眼睛的地方是一片空白。如果有人走在山里，迎面遇到这样一种动物，一定会吓一大跳。

  那么猼訑的眼睛长在哪里呢？答案是，在背上。它只能看到上方的天空和树木，看不到自己的前方和脚下。这样走路是很危险的，可是猼訑一点都不害怕。所以人们认为，如果佩戴一件用猼訑的皮毛做的装饰品，自己也会获得这种力量，再也不会感到恐惧了。

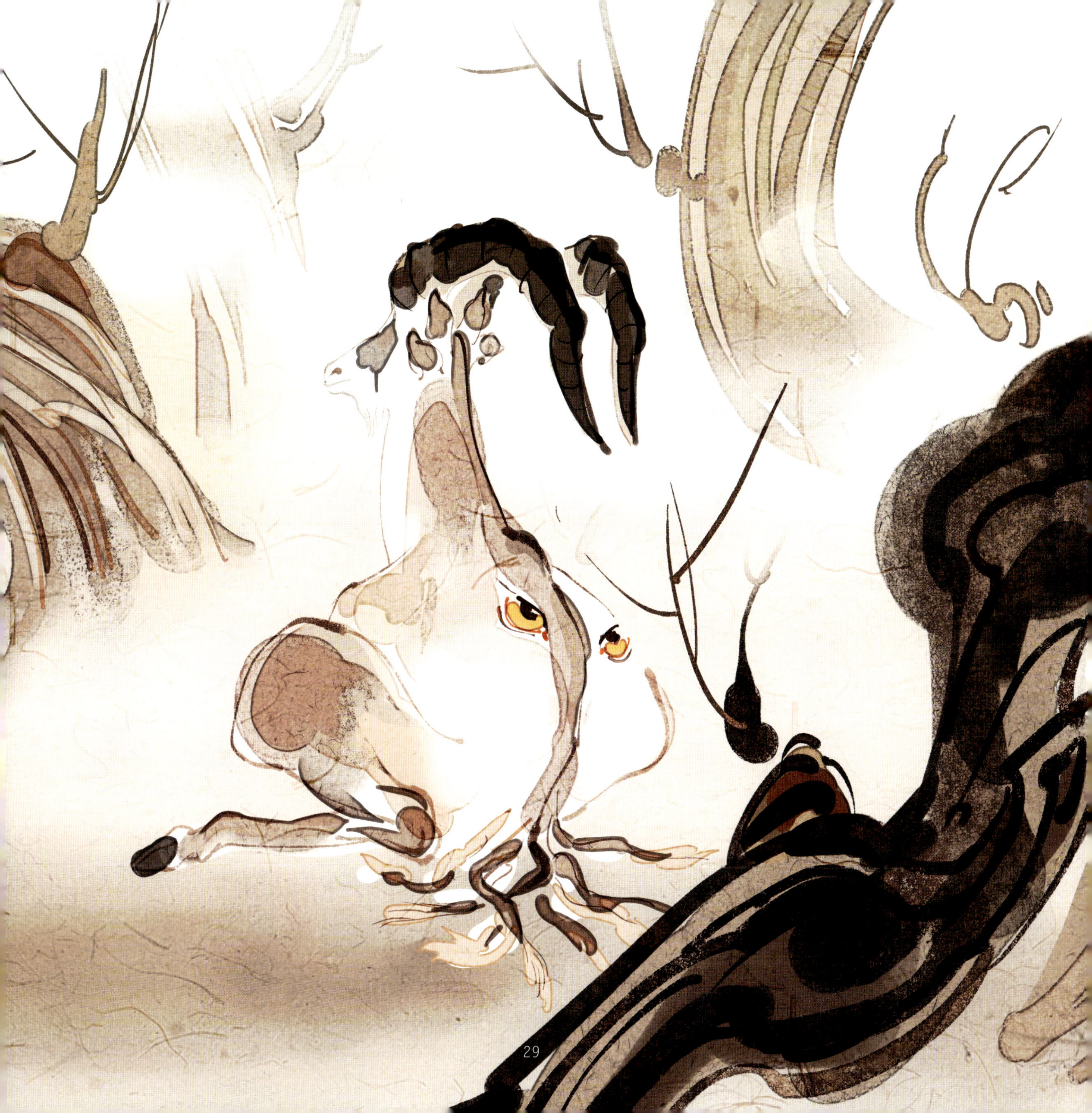

天 狗

◎ 出自《西山经》

阴山，浊浴之水出焉，

而南流注于蕃(fán)泽，其中多文贝。

有兽焉，其状如狸而白首，

名曰天狗，其音如榴榴，可以御凶。

狸：狸猫，山猫。

说文

  阴山是浊浴河的发源地。河水向南流去，注入蕃泽，水里有很多带花纹的贝壳。山中住着一种异兽，叫作天狗。

  中国民间一直流传着天狗吃月亮的传说，每当发生月食时，人们就认为是凶恶的天狗吞吃了月亮，需要敲锣打鼓地吓唬它，让它把月亮吐出来。但是《山海经》里的天狗可不是这么讨人厌的动物，相反，它是一种可以驱除凶祟的吉兽。

  虽然名字叫狗，但天狗其实长得像只山猫，头部的毛是白色的，鸣叫的声音就像在发出"榴榴"的音节。如果谁能在家里养上一只，有事辟邪，无事卖萌，可真是一举两得呀。

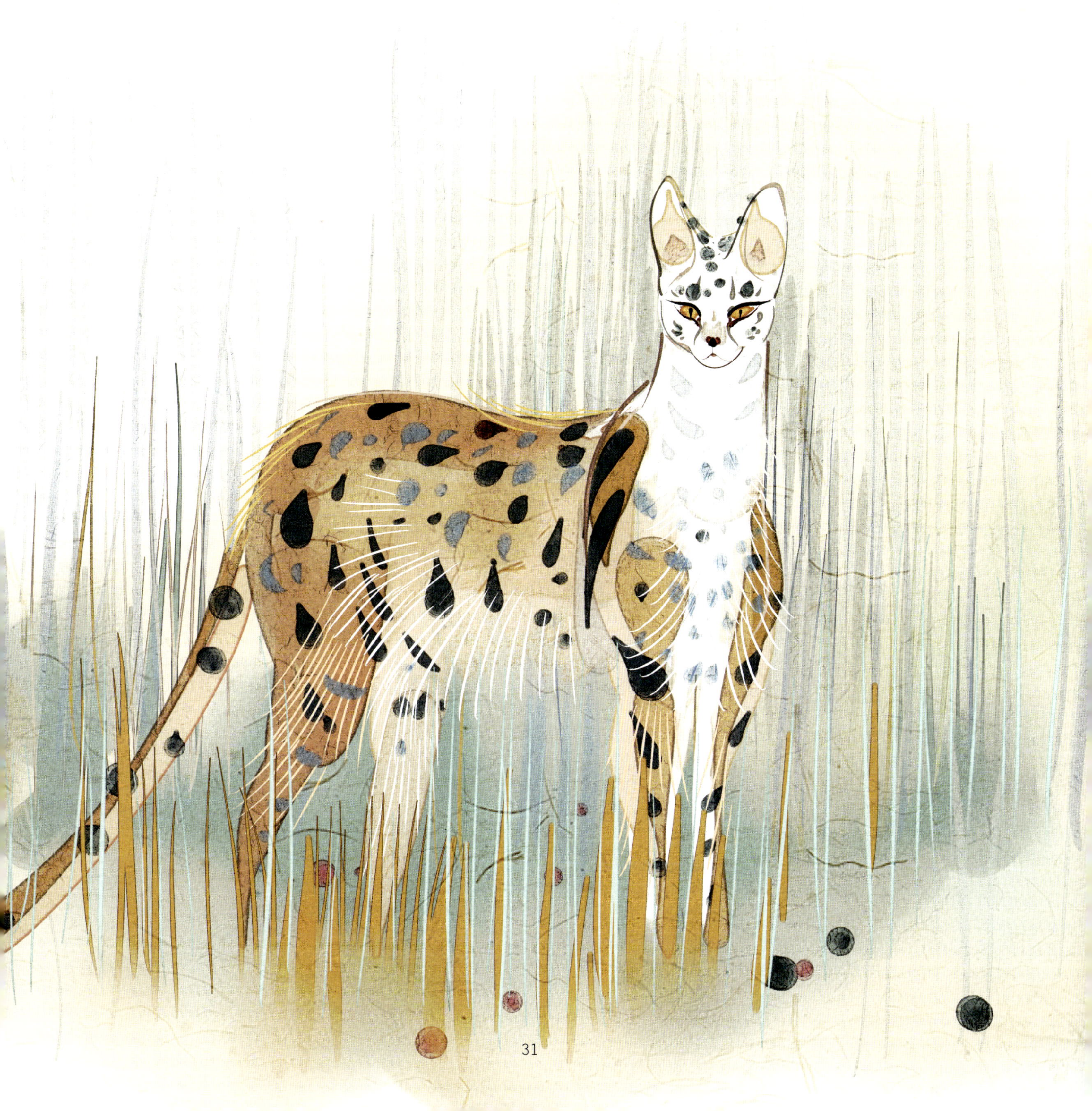

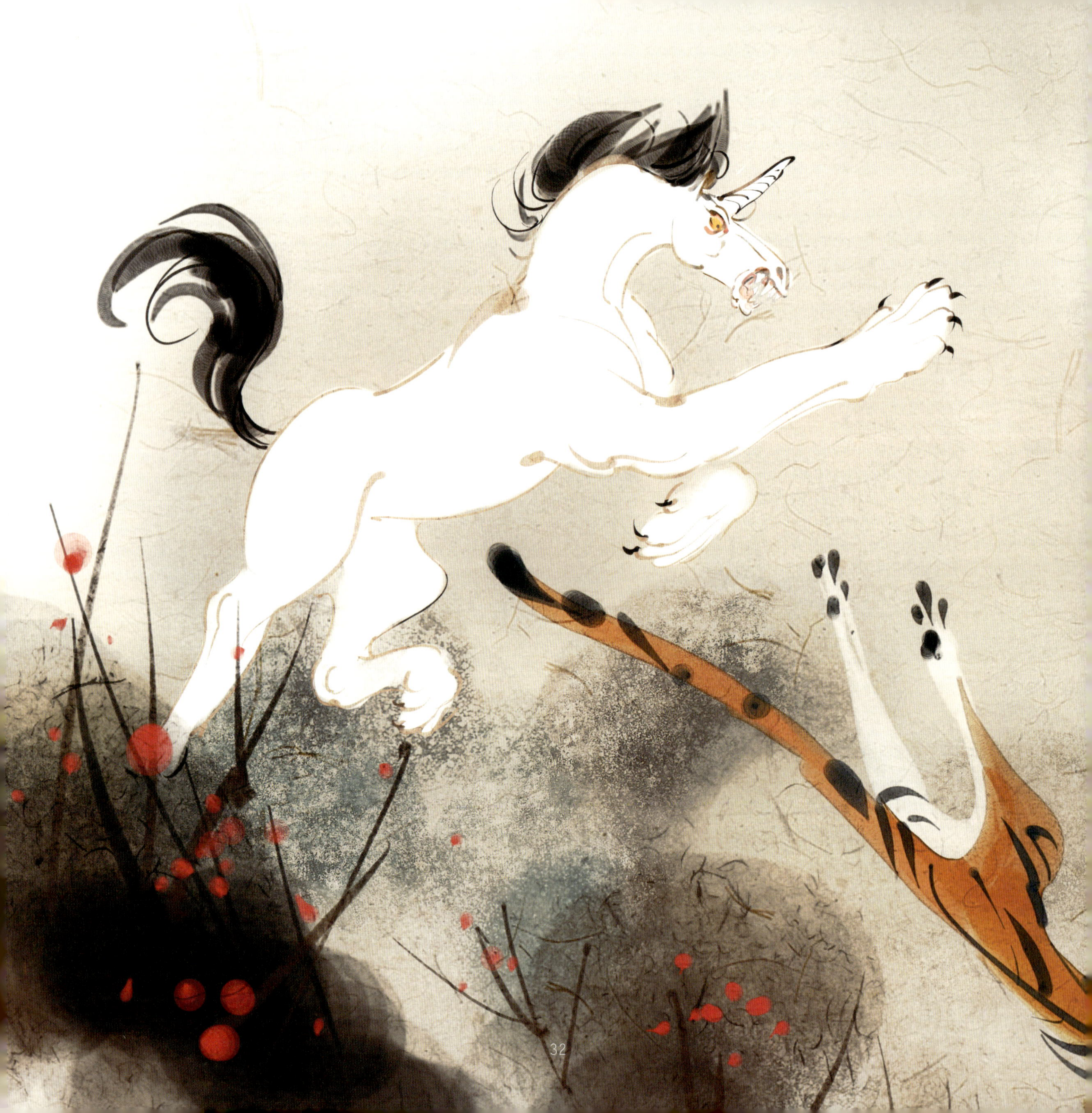

驳

◎ 出自《西山经》

中曲之山,其阳多玉,

其阴多雄黄、白玉及金。

有兽焉,其状如马而白身黑尾,一角,虎牙爪,

音如鼓音,其名曰驳(bó),是食虎豹,可以御兵。

说文

中曲山的南面出产美玉,北面出产黄金、白玉和雄黄。山中有一种异兽,名叫驳。驳的样子像马,遍体纯白,只有尾巴是黑色的,头上还有一只角,令它看起来又很像西方神话中的独角兽。但是,驳的战斗力比马和独角兽强多了。它的牙齿很锋利,四只脚不是马蹄,而是虎爪,它鸣叫的声音就像是隆隆的战鼓声。人如果骑着它,就能够刀枪不入。

在这种异兽面前,老虎和豹子都只有成为它食物的份儿。传说,齐桓公曾经骑着一匹毛色不纯的马,迎着阳光奔驰,老虎见到他,便恐惧地伏在路边。这是因为,那匹马被阳光迎面照射,看起来就像一只驳,老虎怕被驳吃掉,自然不敢动弹了。

耳鼠

◎ 出自《北山经》

丹熏之山，其上多樗(chū)、柏，

其草多韭、薤(xiè)，多丹雘。

熏水出焉，而西流注于棠水。

有兽焉，其状如鼠，而菟(tù)首麋(mí)耳，

其音如嗥(háo)犬，以其尾飞，名曰耳鼠，

食之不睬(cǎi)，又可以御百毒。

樗：臭椿。 薤：同"薤"，即藠(jiào)头，一种野蒜。
雘：一种矿物颜料。 菟：通"兔"。 麋：麋鹿。
嗥：大声叫。 睬：肚子鼓胀、胀气。

说文

丹熏山上满是臭椿和柏树，树下的草地上可以采到韭菜和薤头之类的蔬菜，在山石间也能够找到红色的矿物颜料。熏水发源于此，向西流去，汇入棠水。

山中生活着一种有趣的小动物，名叫耳鼠。它长着兔子头，麋鹿耳朵，老鼠身体，叫起来就像狗在嗥叫，还能用它的尾巴掌握平衡，在空中飞翔。古人看到耳鼠这么轻盈灵活，就猜想，人吃了它的肉，就可以保持苗条，再也不用担心自己肚子胀气了。还有人认为，耳鼠的肉能够让人百毒不侵呢。

犰狳

◎ 出自《东山经》

余峨之山，其上多梓、柟，其下多荆、杞。

杂余之水出焉，东流注于黄水。

有兽焉，其状如菟而鸟喙，

鸱目蛇尾，见人则眠，名曰犰狳，

其鸣自訆，见则螽蝗为败。

柟：即"楠"。杞：即"杞"。鸱：鸱鹰。訆：同"叫"。螽：蝈蝈。

说文

余峨山的山头生长着笔直高大的梓树和楠木，山脚则被带刺的荆棘和枸杞环绕。杂余水从山中发源，向东流去汇入黄水。

山中住着一种名叫犰狳的奇兽。它长得像兔子，嘴像鸟喙一样尖，目光犀利如鸱鹰，蛇一样的尾巴铺满鳞片。一旦遇到人，它就会缩成一团，装死。犰狳的名字来自它的叫声。

看起来，犰狳是一种很胆小的动物。不过，它以蝗虫、蝈蝈之类害虫为食，只要有犰狳出现的地方，就不会发生蝗灾。所以古人并不嘲笑它的胆小，反而把它看作庄稼的守护者。

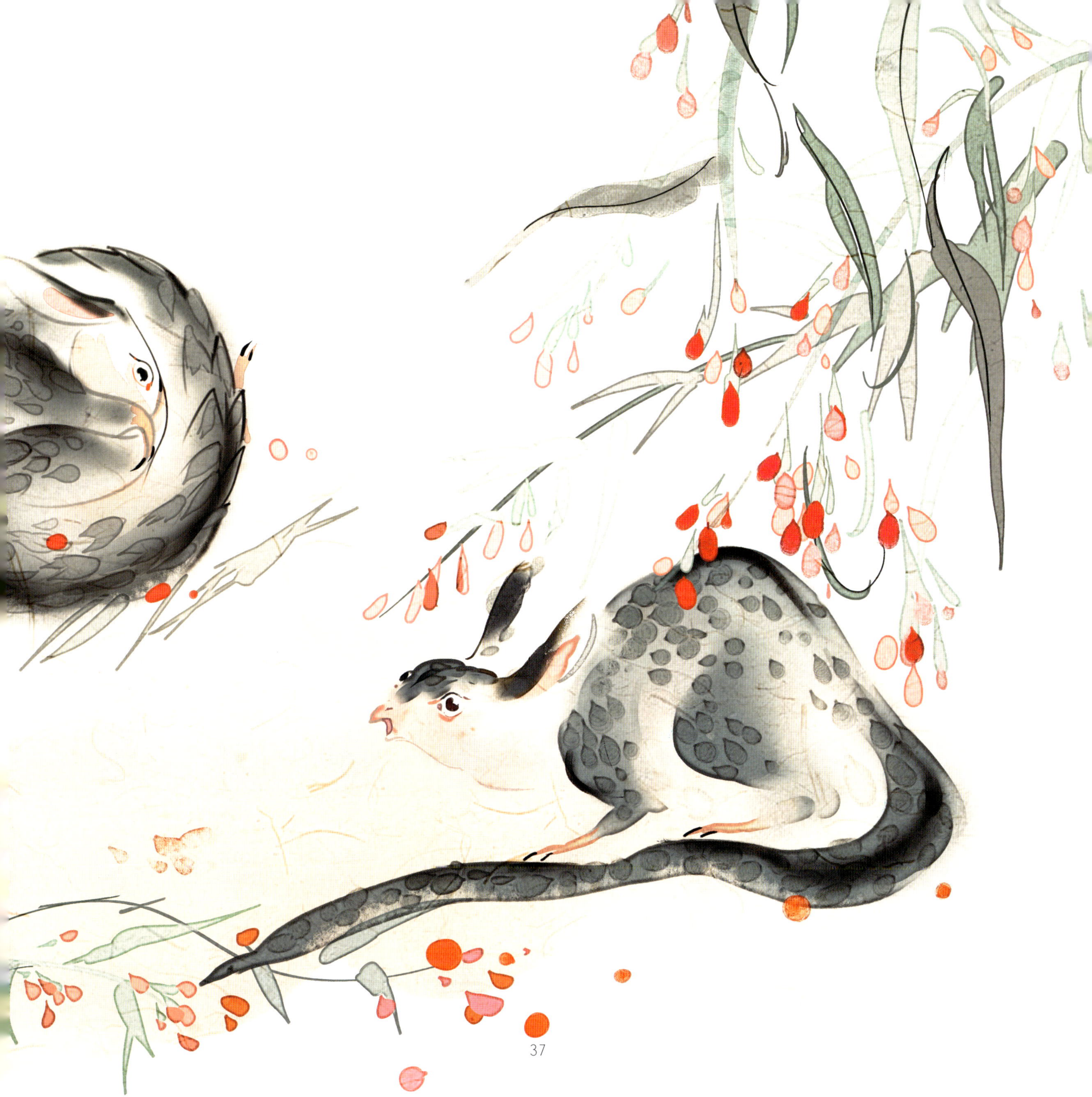

当 康

◎ 出自《东山经》

钦山,多金、玉而无石。

师水出焉,而北流注于皋(gāo)泽,

其中多鳛(qiū)鱼,多文贝。

有兽焉,其状如豚而有牙,

其名曰当康,其鸣自叫,见则天下大穰(ráng)。

鳛:即"鳅",泥鳅。 穰:丰收。

说文

　　钦山上没有一块石头，全都是黄金和美玉。师水从山中向北流去，汇入皋泽，河水中有很多泥鳅游来游去，水底铺满带花纹的贝壳。

　　这座富饶的山里住着一种神兽，名叫当康，它的名字和它的叫声是一样的。当康的样子像是一只长着獠牙的野猪，如果哪一年它跑出深山，来到有人居住的地方，就预示着这一年的庄稼一定会大丰收。

　　反过来想，也许正是因为当康提前嗅到了丰收的气息，才会不远千里跑到人家门口来寻找五谷吃吧？不管怎样，在重视农耕的中国古代，人们就把预兆丰年的当康看作一个祥瑞的象征了。

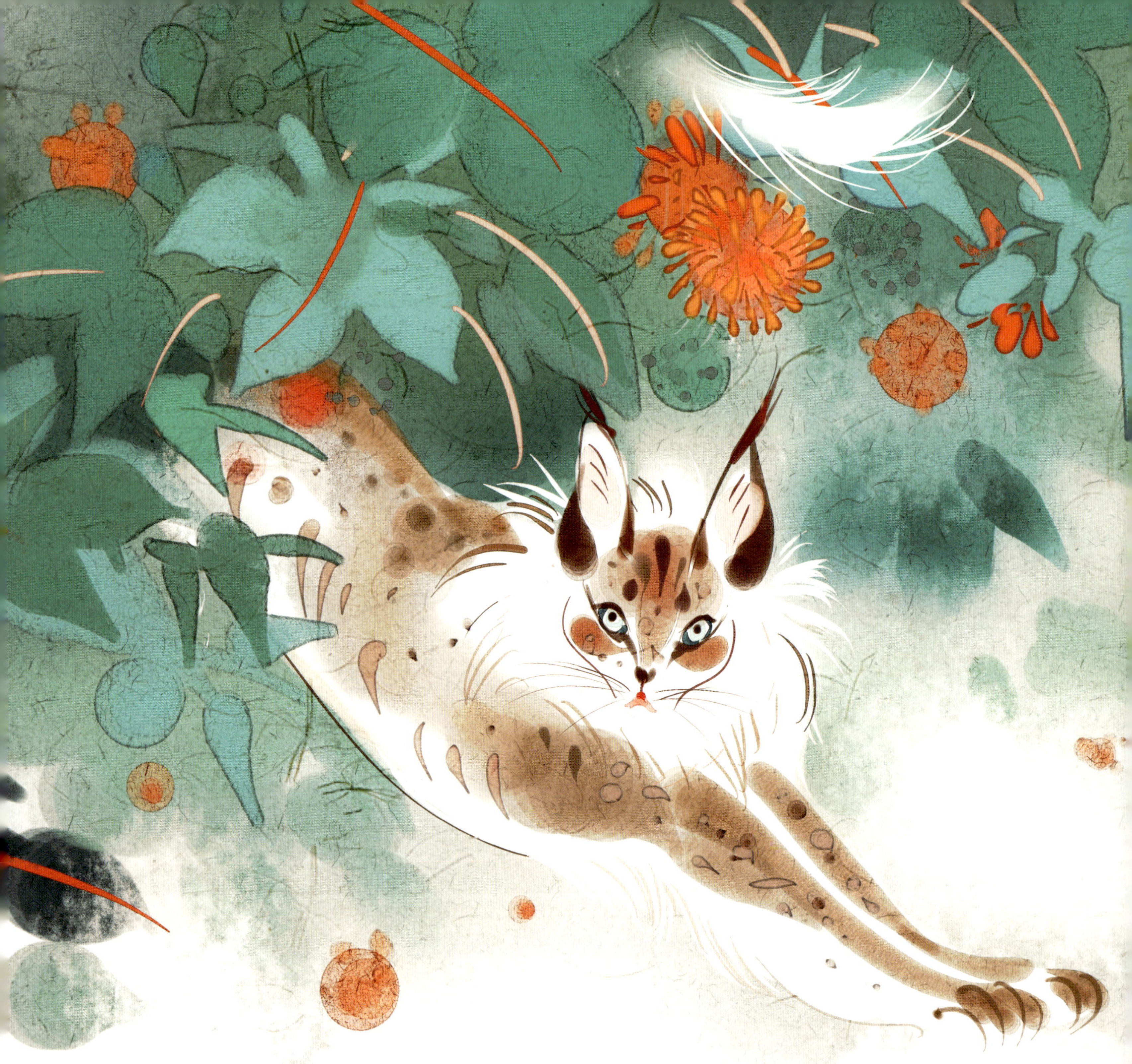

朏 朏

◎ 出自《中山经》

霍山，其木多榖(gǔ)。

有兽焉，其状如狸，

而白尾有鬣(liè)，名曰朏(fěi)朏，

养之可以已忧。

榖：构树。　鬣：动物脖颈上的长鬃毛。　已：治愈。

说文

霍山上长满了构树，山中有一种可爱的小动物，名叫朏朏。它长得像山猫，脖颈上围着一圈鬃毛，身后拖着一条长长的白尾巴。据说，人如果能在身边养一只朏朏，看着它可爱的样子，就会始终心情愉快，再也没有忧愁。今天那些在家里养小猫的人，大概也是这样希望的吧？

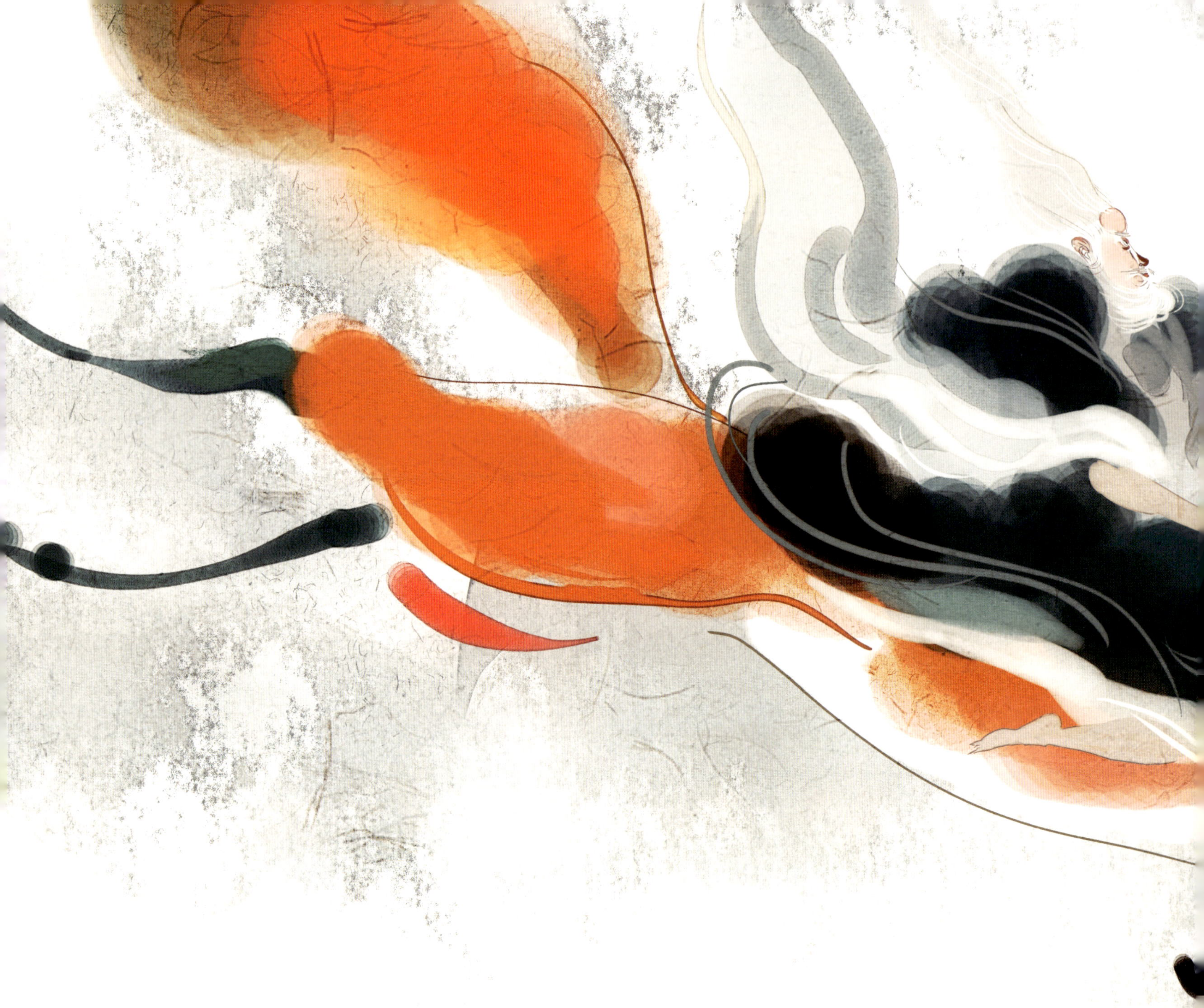

乘 黄

◎ 出自《海外西经》

白民之国……有乘黄(chéng)，其状如狐，其背上有角，乘之寿二千岁。

说文

遥远的西海之外有个国家，叫白民国。那里生长着一种神奇的动物，名叫乘黄，当地人用它代替马，作为出门时的坐骑。

乘黄长得像狐狸，背上还有两只角，明显不适合人类骑坐，但是，经常用它当坐骑的人至少能够活两千岁。千百年来，长寿都是中国古人的最大梦想，他们会不会非常羡慕白民国的人呢？

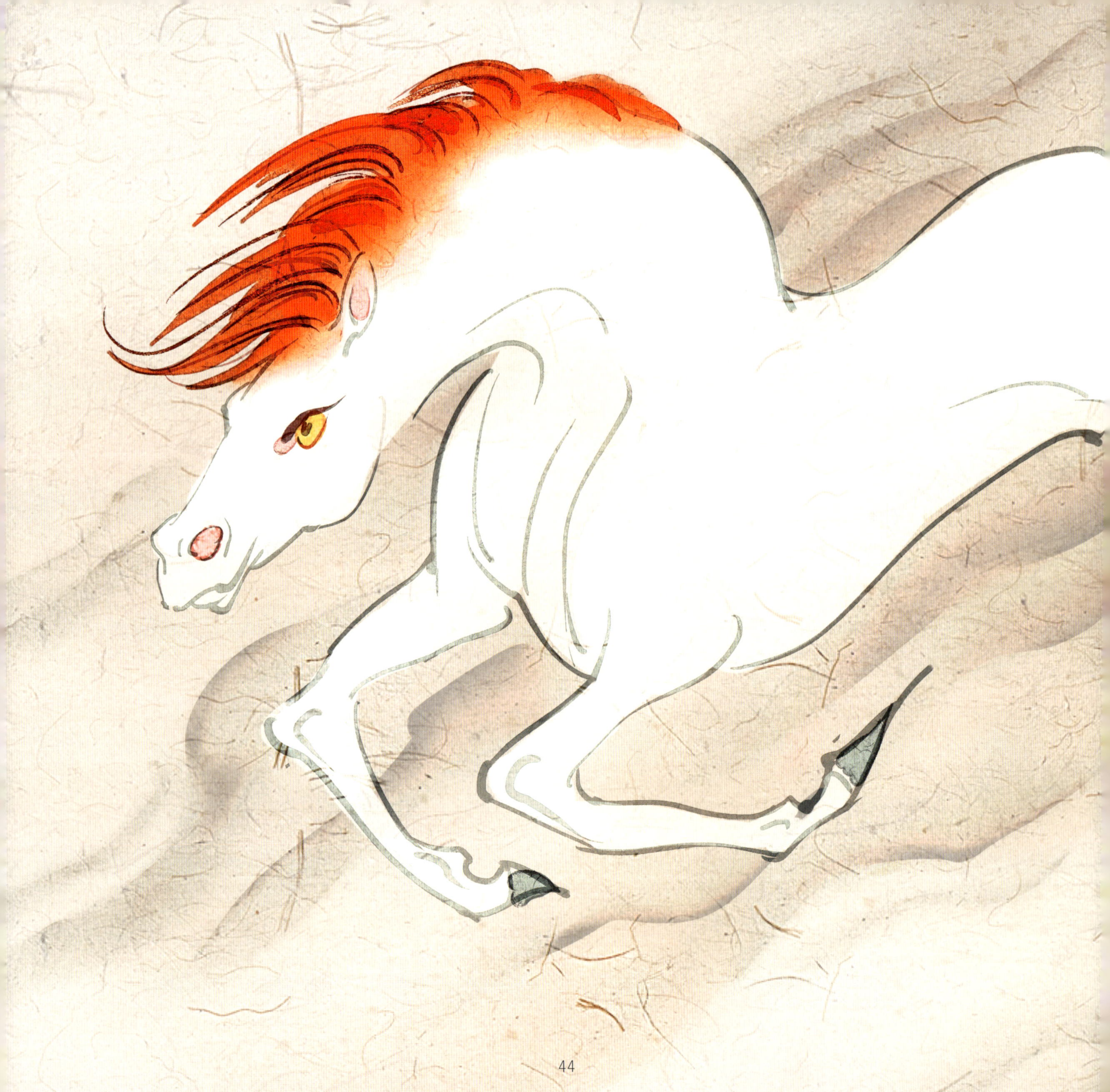

文马

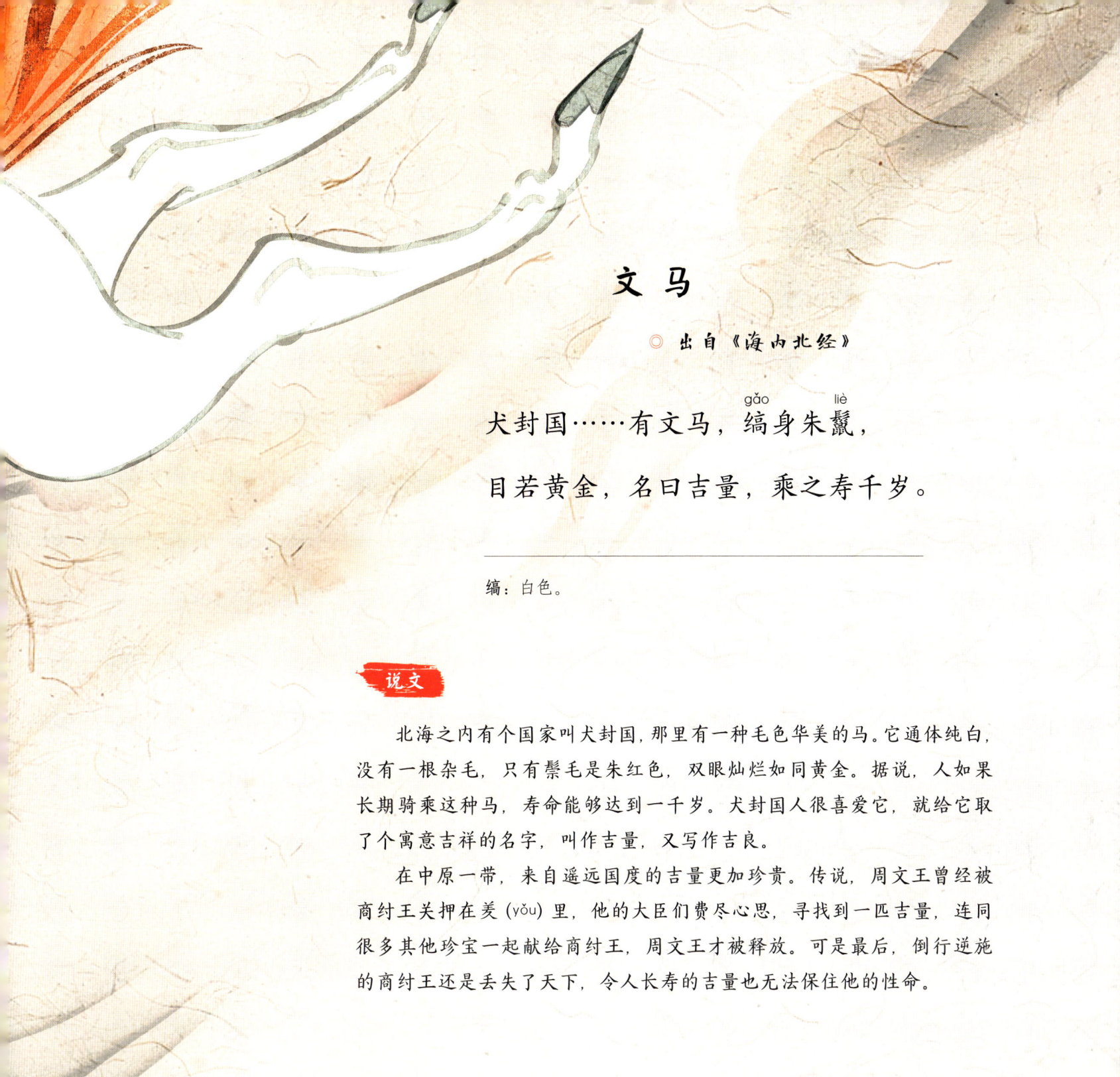

◎ 出自《海内北经》

犬封国……有文马，缟身朱鬣(gǎo liè)，

目若黄金，名曰吉量，乘之寿千岁。

缟：白色。

说文

北海之内有个国家叫犬封国，那里有一种毛色华美的马。它通体纯白，没有一根杂毛，只有鬃毛是朱红色，双眼灿烂如同黄金。据说，人如果长期骑乘这种马，寿命能够达到一千岁。犬封国人很喜爱它，就给它取了个寓意吉祥的名字，叫作吉量，又写作吉良。

在中原一带，来自遥远国度的吉量更加珍贵。传说，周文王曾经被商纣王关押在羑(yǒu)里，他的大臣们费尽心思，寻找到一匹吉量，连同很多其他珍宝一起献给商纣王，周文王才被释放。可是最后，倒行逆施的商纣王还是丢失了天下，令人长寿的吉量也无法保住他的性命。

驺吾

◎ 出自《海内北经》

林氏国有珍兽,大若虎,

五采毕具,尾长于身,

名曰驺吾(zōu),乘之日行千里。

说文

  同样位于北海之内的林氏国也有一种珍奇的兽类,名叫驺吾。它的个头和老虎差不多大,但是皮毛更为漂亮,青、白、赤、黑、黄五种颜色在它身上交织成华美的纹理,毛茸茸的尾巴比身体还要长。驺吾不光漂亮,奔跑速度也很快,人骑着它一天可以跑一千里路。

  这么漂亮又善跑的动物,在中原当然也被视为珍宝。据说,周文王的大臣们为了赎回自己的王,献给商纣王的各种珍宝当中,也包括一头不远万里而来的驺吾。

狰

◎ 出自《西山经》

章莪(é)之山……有兽焉,其状如赤豹,五尾一角,其音如击石,其名曰狰(zhēng)。

说文

寸草不生的章莪山上不止有毕方鸟，还居住着一种叫作狰的猛兽。狰的模样像豹子，但全身皮毛都是明亮的赤红色，身后拖着五条长尾，头顶还探出一只角，它咆哮的声音就像是岩石彼此碰撞那样铿锵沉重。这么强健美丽的猛兽，看起来比老虎和豹子都要厉害。

也有人说，狰就像是一只长着翅膀的狐狸。但是，"狰"字本身就有可怕的意思，狐狸的形象和这个威猛的名字未免也太不相称了。你觉得，狰应该是什么样子呢？

孟极

◎ 出自《北山经》

石者之山,其上无草木,多瑶、碧。

沘(zǐ)水出焉,西流注于河。

有兽焉,其状如豹,而文题白身,

名曰孟极,是善伏,其鸣自呼。

题:额头。 伏:躲藏。

说文

　　石者山的地貌和章莪山很像,没有草木生长,但地下满是白玉和青玉。沘水从山中发源,向西流去汇入黄河。

　　山中有一种名叫孟极的奇兽,它的模样像豹子,但只有额头布满花纹,身体其他部分都是纯白色的。孟极的习性也像豹子,很善于隐藏自己,如果有人特地来到石者山上寻找孟极,多半什么也看不到,但是,孟极很可能一直潜伏在山石之间观察着他呢。

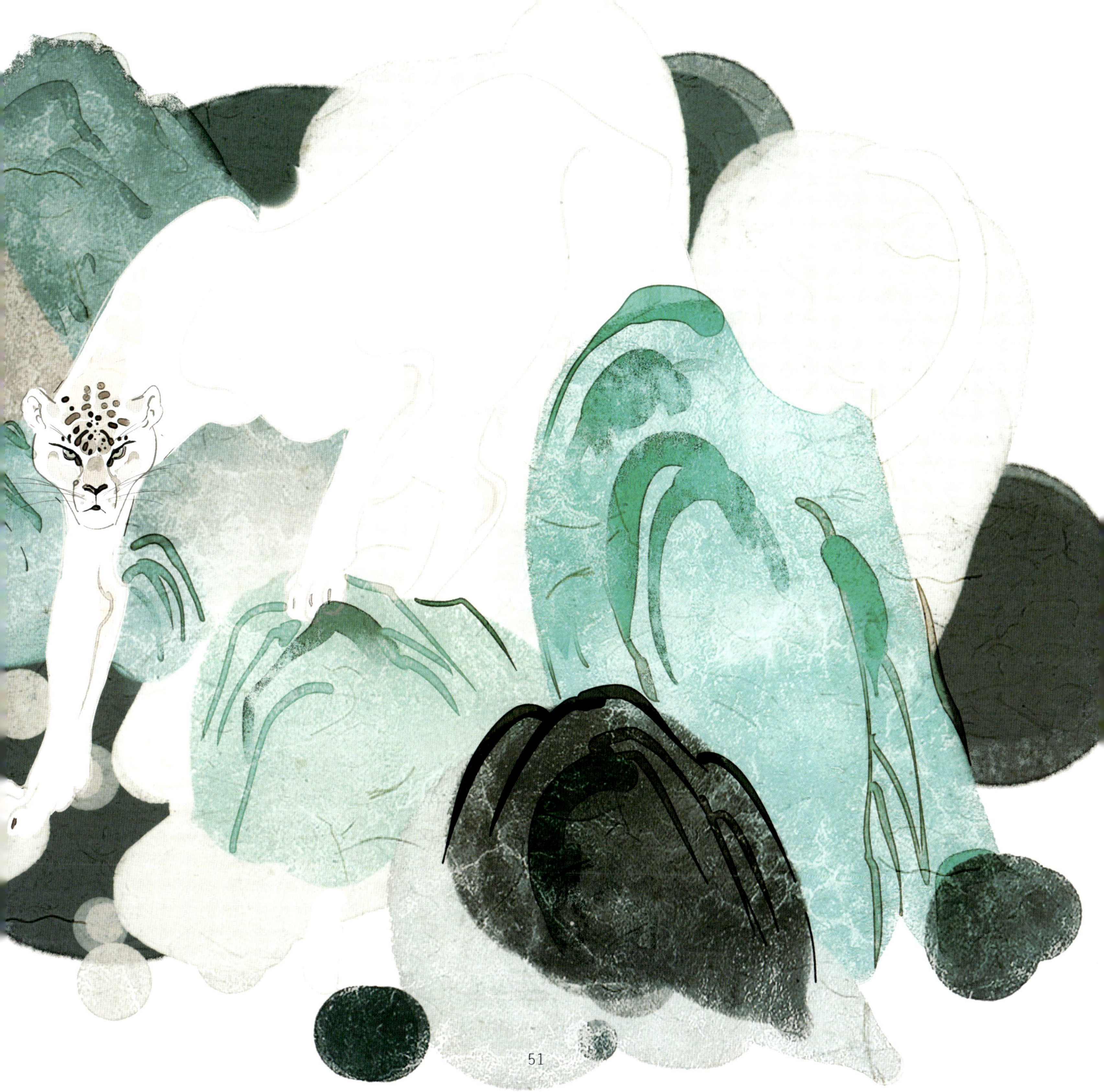

天 马

◎ 出自《北山经》

马成之山,其上多文石,其阴多金、玉。有兽焉,其状如白犬而黑头,见人则飞,其名曰天马,其鸣自訆(jiào)。

说文

马成山的北面盛产黄金和白玉，很多山石上也布满漂亮的纹理。山中有一种奇特的动物，名叫天马。

在大多数古代故事里，天马都是能够腾云驾雾的骏马，《西游记》中，孙悟空就曾经在天宫中饲养天马。但是《山海经》里的天马却大大不同，它长得就像一只白狗，浑身上下只有脑袋是黑色的，只要一见到人，就飞向空中。

这种动物明明是狗的模样，为什么古人还非要叫它天马呢？这是因为，它的叫声就像是发出"天马"的音节，人们觉得有趣，就干脆把这两个字当作它的名字了。

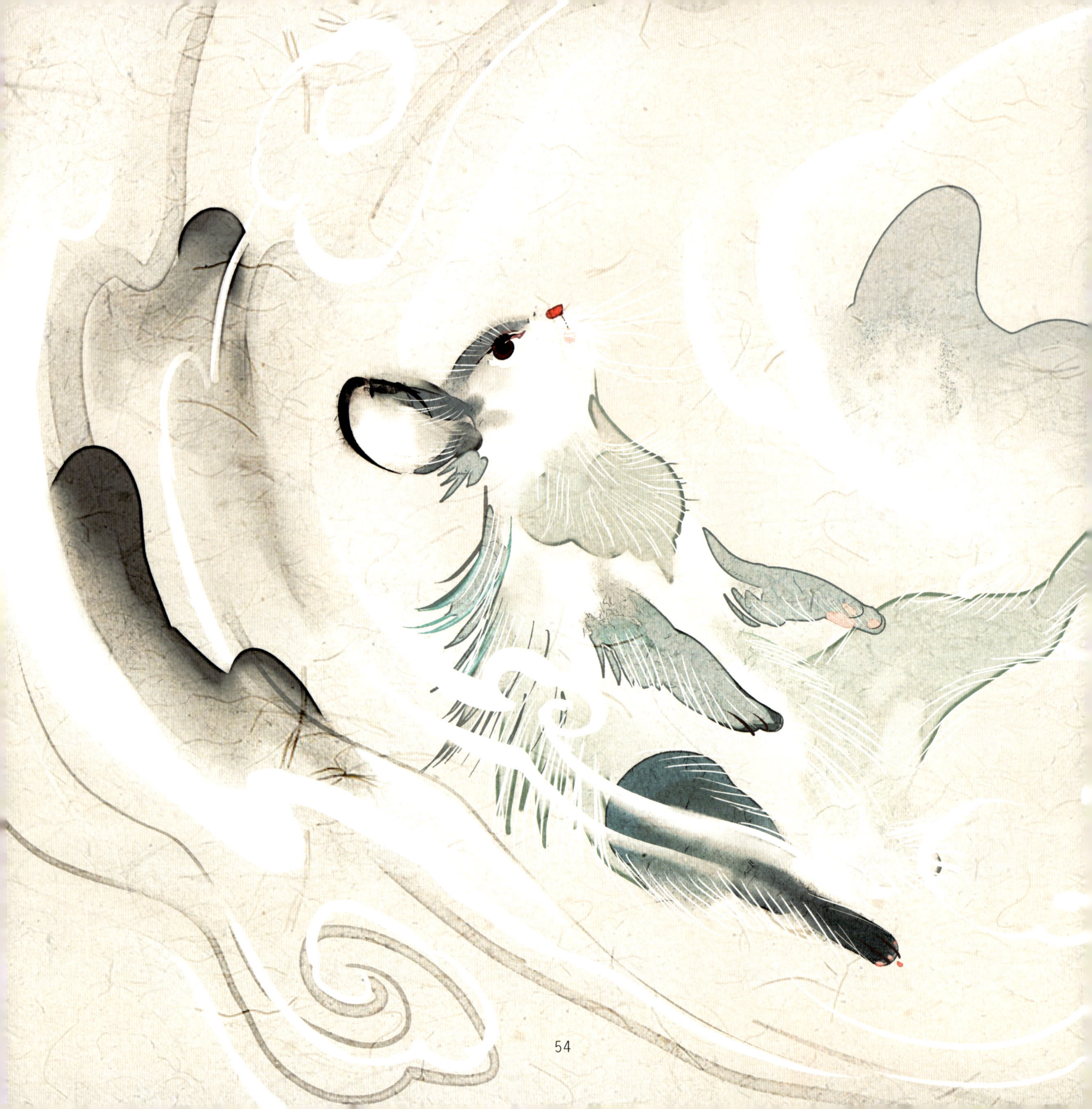

飞 鼠

◎ 出自《北山经》

天池之山,其上无草木,多文石。

有兽焉,其状如兔而鼠首,

以其背飞,其名曰飞鼠。

说文

　　天池山上没有草木,但遍地都是带花纹的石头。山石之间住着一种小动物,名叫飞鼠。

　　飞鼠只有头是老鼠的模样,整个身体其实像兔子。它没有翅膀,但是可以用背上的毛来飞翔。那么飞鼠是怎么飞的呢?晋代的郭璞认为,飞鼠和其他会飞的生物不一样,它飞起来的时候,不是背部向上,而是肚皮朝天的。后来也有人认为,飞鼠就是现在的鼯鼠,前后肢之间有一层薄膜,能够在空中滑翔。这两种说法,你觉得哪一种更有道理呢?

兕

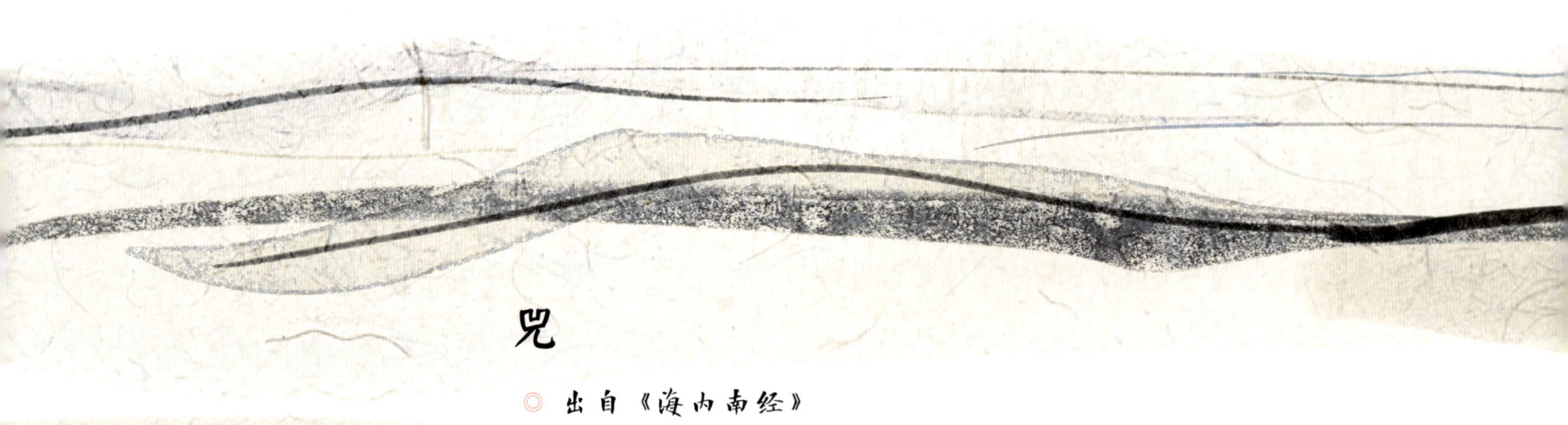

◎ 出自《海内南经》

兕(sì)在舜葬东，湘水南，

其状如牛，苍黑，一角。

苍梧之山，帝舜葬于阳，帝丹朱葬于阴。

丹朱：帝尧的儿子。

说文

兕是犀牛一类的动物，它长得像一只青黑色的大水牛，不过头上有一只角。据说，一只兕可以重达三千斤。

在古代，兕是中国南方地区常见的猛兽。周昭王攻打楚国时，就在汉水边遇到了一只巨大的兕。渡过汉水，就会进入长江和湘江的流域。湘江的南方有一座苍梧山，山南葬着帝舜，山北葬着帝尧的儿子丹朱，据说，兕的族群就在苍梧山的东边徘徊，像是在守护着帝舜的陵墓。

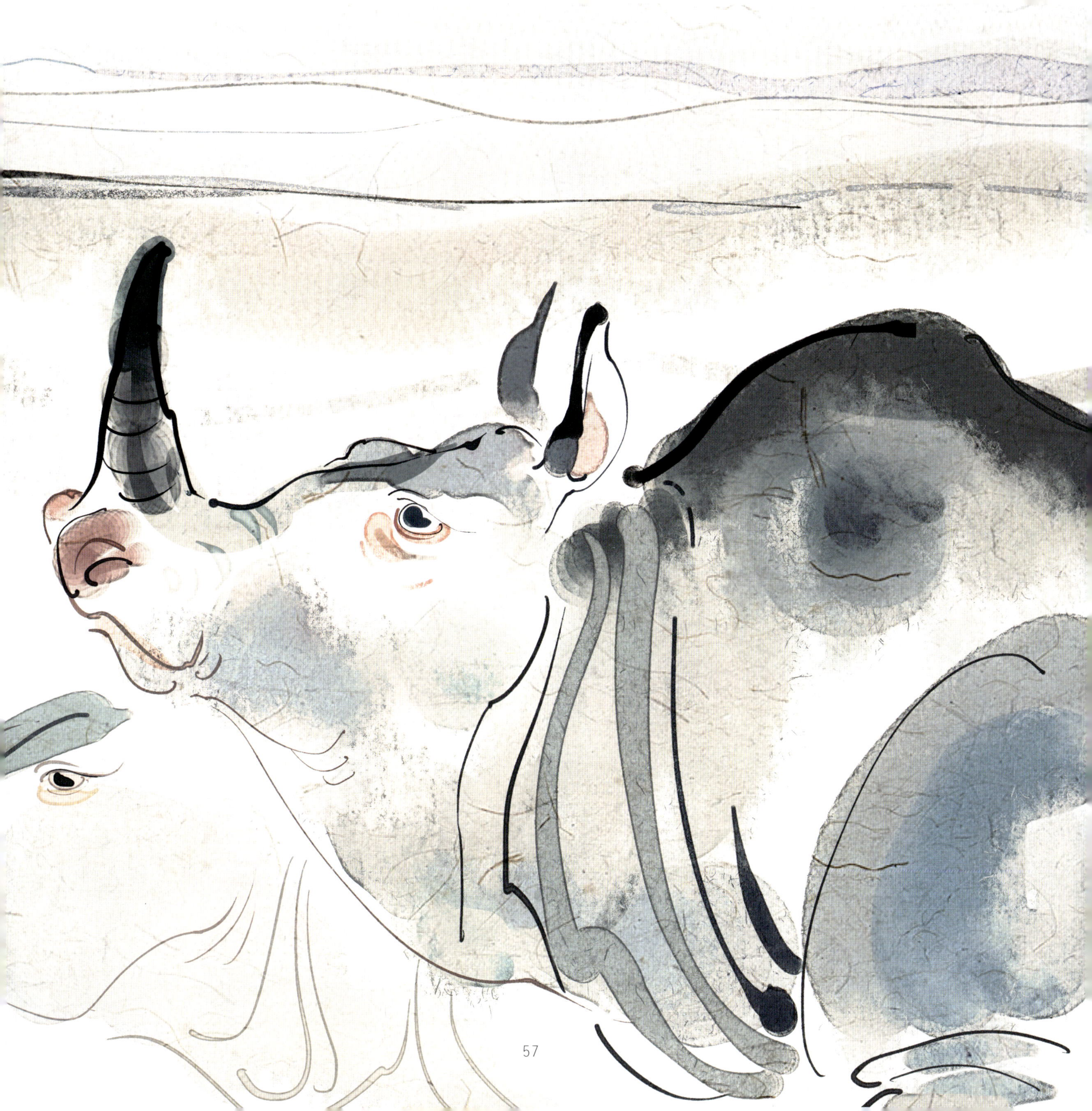

九尾狐

◎ 出自《南山经》

青丘之山,其阳多玉,其阴多青䨼(huò)。

有兽焉,其状如狐而九尾,

其音如婴儿,能食人,食者不蛊(gǔ)。

青䨼:青色矿物,可制石青颜料。
蛊:被迷惑。一说为蛊毒。

说文

青丘山的南面盛产美玉，山北都是大大小小的石青矿。传说中的九尾狐一族就住在山中。

九尾狐的叫声像是婴儿的哭声，如果有人行走在山中，被这种声音吸引过去，可能就会被它吃掉。但是，如果人吃了九尾狐的肉，就不会被邪气迷惑，也不会中蛊毒。

对于九尾狐，中国古人有两种截然不同的态度。有人认为它是祥瑞之兽，只在天下太平，人民和睦时现身。大禹治水时，也曾经在涂山遇到一只九尾白狐，治水成功之后，他就建立了夏朝。也有人认为，九尾狐是会吃人、会迷惑人的大妖怪，《封神演义》里的妖妃妲己，就是九尾狐变的美女。那么你觉得，它是一种怎样的动物呢？

长 右

◎ 出自《南山经》

cháng
长右之山，无草木，多水。

有兽焉，其状如禺而四耳，

其名长右，其音如吟，见则郡县大水。

说文

　　长右山中有很多泉水和湖泊，但是寸草不生。山中有一种异兽，样子像是白面黑颊的长尾猴，但是长着四只耳朵，发出的叫声就像是人在呻吟叹气。如果有人走在山里突然遇到它，一定会吓一大跳。

　　这种异兽是灾祸的象征，一旦它从深山里出来，附近的城镇一定会被洪水淹没。因为它住在遍布水源的长右山里，又会引发水灾，人们干脆就指山为名，叫它"长右"了。

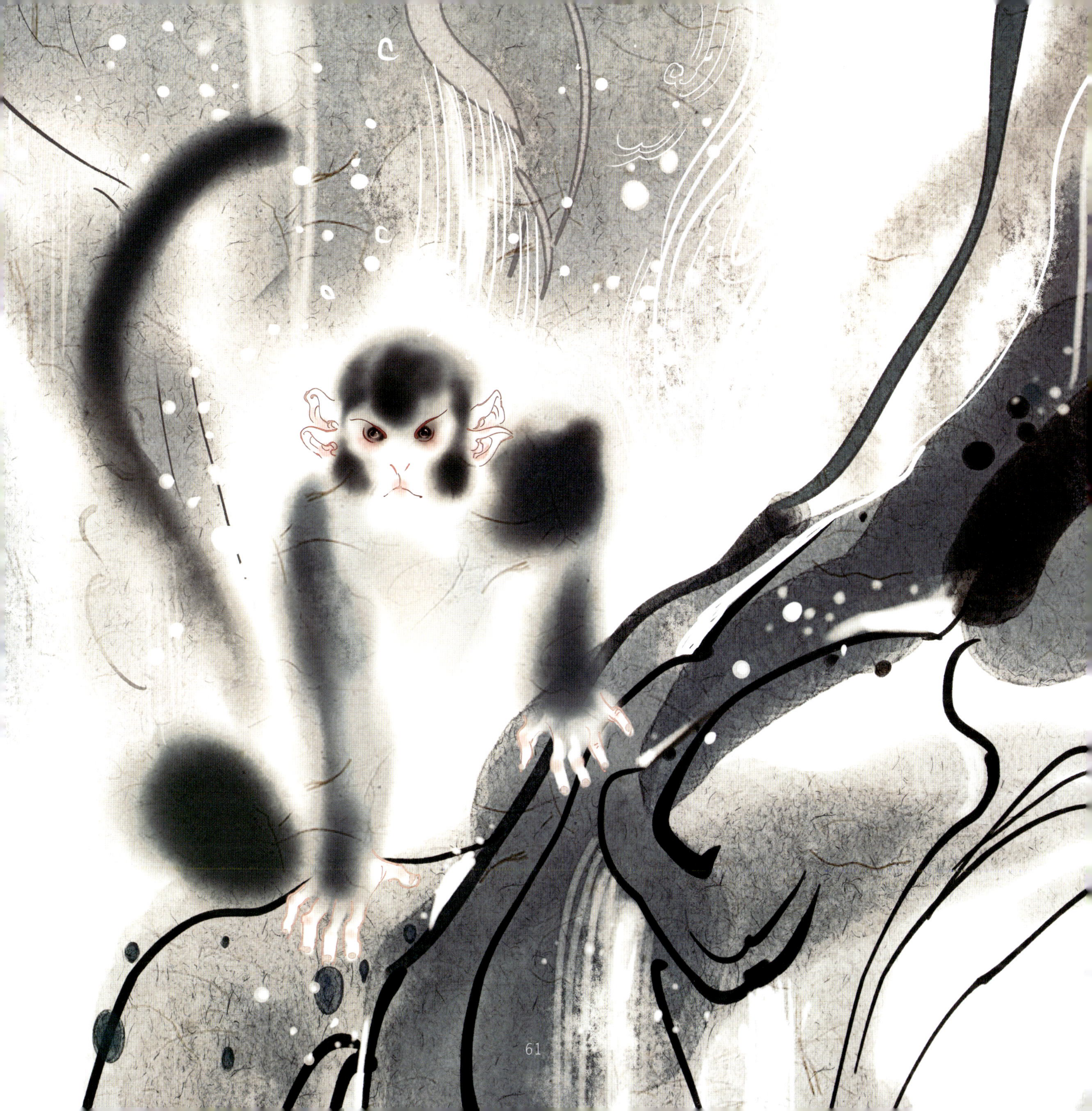

蛮 蛮

◎ 出自《西山经》

崇吾之山,在河之南……有鸟焉,

其状如凫(fú),而一翼一目,相得乃飞,

名曰蛮蛮,见则天下大水。

凫:野鸭。 相得:契合,投合。

说文

黄河南边的崇吾山上生活着一种奇特的鸟,叫蛮蛮,它长得像常见的野鸭,但只有一只翅膀和一只眼睛。这样的鸟当然是飞不起来的,必须找到另一只同类,肩并肩靠得紧紧的,才能凑出一对翅膀、一双眼睛,好在空中飞翔。

在成双成对地飞翔这一点上,蛮蛮和比翼鸟很像。但是,比翼鸟是吉祥美满的象征,蛮蛮却正相反,每当它们肩并肩地飞出深山,天下一定会发大洪水。试问,谁会喜欢这种只会带来灾祸的鸟呢?

夫 诸

◎ 出自《中山经》

敖岸之山,其阳多㻬(tū)琈(fú)之玉,其阴多赭(zhě)、黄金。

神熏池居之。是常出美玉。

北望河林,其状如茜(qiàn)如举。

有兽焉,其状如白鹿而四角,

名曰夫诸,见则其邑大水。

赭:赤红色颜料。
茜:茜草,可作染料,也可入药。一说为某种树木。
举:榉柳。

说文

敖岸山的南坡遍地是美玉，北坡盛产赤红色的颜料和黄金，山中还住着一位叫熏池的神灵。从这座山上向北望去，可以望见河畔一带有榉柳树林，地上长满可作染料的茜草。

一只美丽的白鹿在山间徘徊，但这并不是普通的鹿，它的头上长着四只角，名字叫作夫诸。当它在人间的城镇出现时，就预示着那里将会发生水灾。这么漂亮的生物，却成为灾害的征兆，是不是也令人感到几分遗憾呢？

山膏

◎ 出自《中山经》

苦山，有兽焉，名曰山膏，
其状如豚，赤若丹火，善詈。

詈：骂。

说文

就算在神话故事里，会说话的异兽也不算很多，而苦山上刚好就住着这么一只。它名叫山膏，长得就像一头猪，但是全身皮毛通红，远望就像一团燃烧的火焰。

山膏不只会说话，还有个非常糟糕的爱好，就是骂人。如果有人路过苦山，听到深山中传出痛骂自己的声音，循声而去，或许能发现石缝里趴着一只气鼓鼓的山膏。

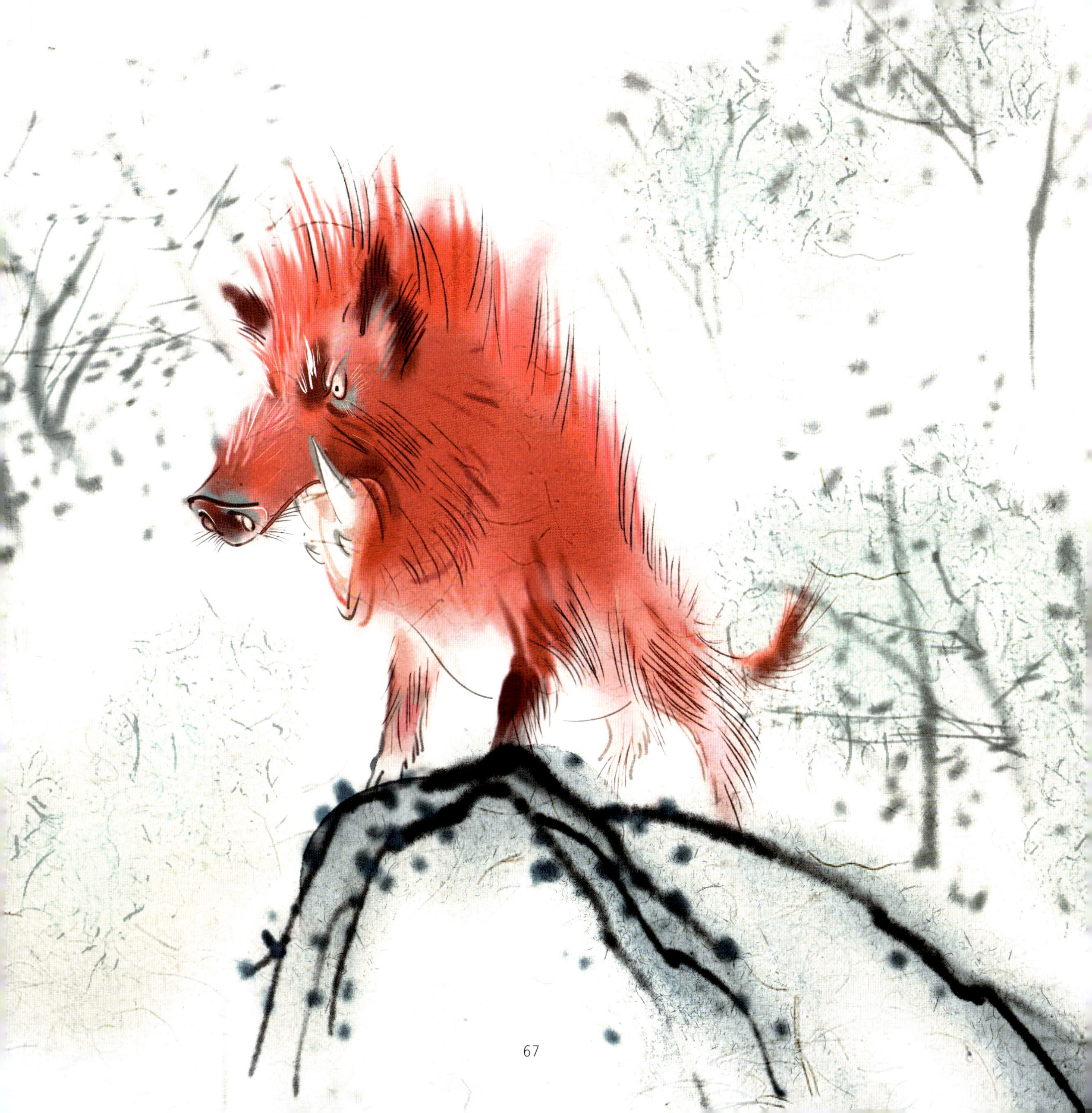

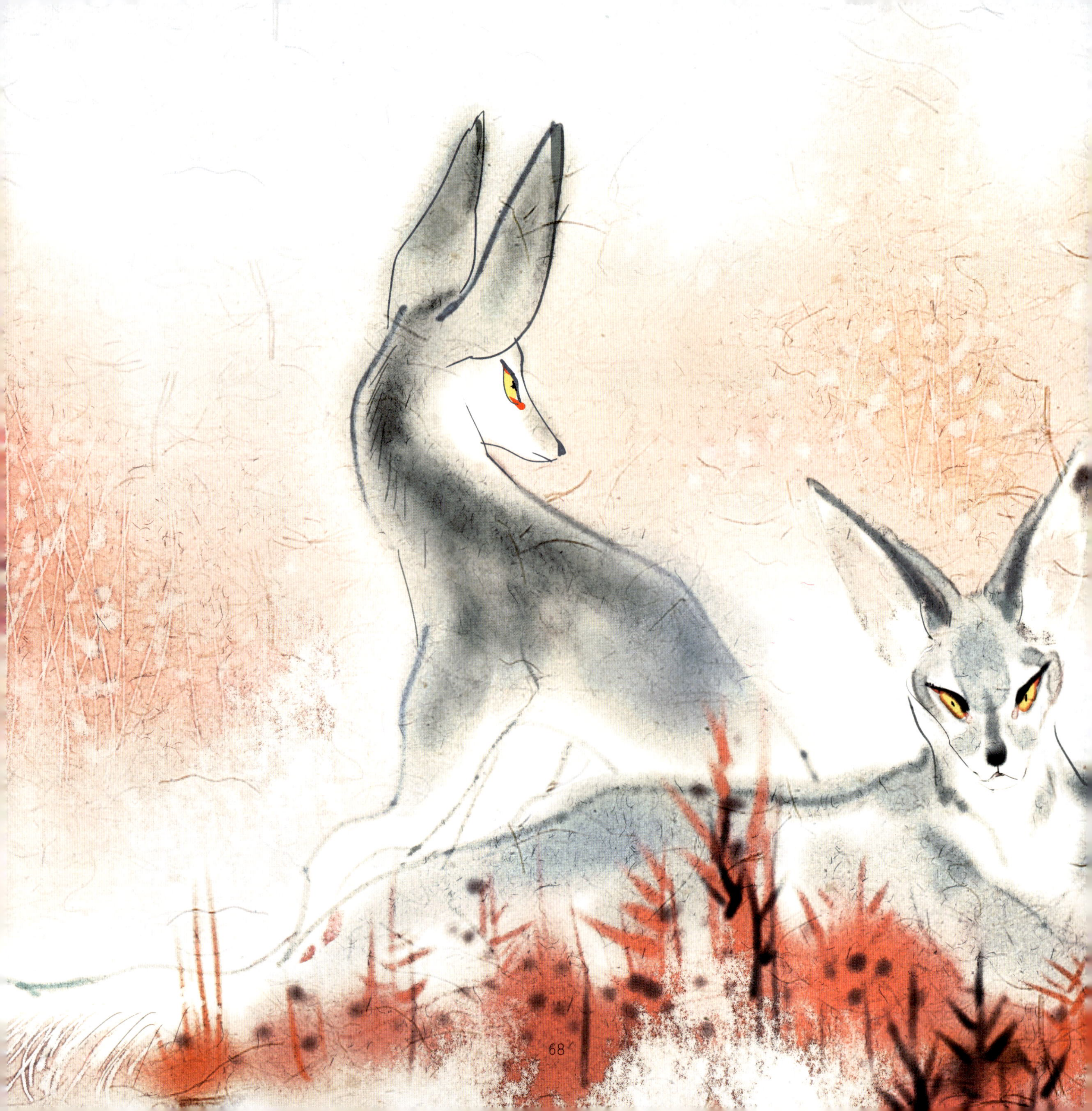

狚 狼

◎ 出自《中山经》

蛇山，其上多黄金，其下多垩(è)，

其木多枸(xún)，多豫章，其草多嘉荣、少辛。

有兽焉，其状如狐，而白尾长耳，

名狚(yǐ)狼，见则国内有兵。

垩：白土。 枸：一种树。 豫章：樟树。 嘉荣：红叶红花的高大异草。
少辛：即细辛，可入药。

说文

蛇山中遍布黄金矿，山脚下有很多白土，可以制作颜料。山中草木葱茏，树林中都是宜于制作手杖的枸树，和带着香气的、可以制作各种家具的樟树；地上铺满细辛草，是一味好药材，还有红叶红花的嘉荣草，能长到一丈多高，点缀在一片绿意间很是亮眼。

山中住着一种异兽，叫作狚狼，样子像一只狐狸，不过尾巴是白色的，耳朵也比普通狐狸要长。狚狼平常都躲在深山里，但是它出现在哪里，哪里就会发生战争。所以，爱好和平的人们非常不想见到它。

狙 如

◎ 出自《中山经》

倚帝之山，其上多玉，其下多金。有兽焉，其状如䶅(fèi)鼠，白耳白喙，名曰狙(jū)如，见则其国有大兵。

䶅鼠：一种叫声像狗的鼠类。一说即艾鼬。

说文

狼的奇异之处，在于它所过之处就会引发战争。无独有偶，还有一种异兽也有这种能力，甚至会把整个国家都卷入大战，比狼还要可怕。狙如就是其中之一。

狙如住在富饶的倚帝山中。它的样子像一只鼬鼠，耳朵和嘴都是白色的，模样还挺可爱。但是，一想到它那可怕的力量，人们对它就敬而远之了。

71

狣即

◎ 出自《中山经》

鲜山，其木多楢、杻、苴……
有兽焉，其状如膜犬。
赤喙、赤目、白尾，
见则其邑有火，名曰狣即。

苴：苴麻。
膜犬：西方沙漠中的一种狗，高大凶猛，长毛浓密。

说文

鲜山上长满楮树、杻树和苴麻，山林间徘徊着一种名叫狍鸮即的异兽。狍即的样子像狗，但不是可爱的小狗，而是来自西方沙漠的、体格高大、长毛浓密的大狗。而且，和普通狗不一样，它的嘴是通红的，一双眼睛也红如火炭，这令它的样子更加凶悍。

据说，狍即在哪座城市出现，哪里就会发生火灾。如果有人看到一只红眼红嘴的大狗从门前跑过，一定要当心了。

梁渠

◎ 出自《中山经》

历石之山,其木多荆、芑,

其阳多黄金,其阴多砥(dǐ)石。

有兽焉,其状如狸,而白首虎爪,

名曰梁渠,见则其国有大兵。

砥:磨刀石。

说文

历石山上长满荆棘和枸杞,看起来很荒凉,但是山南出产黄金,山北都是平整的石头,可以当作磨刀石,也算是一座宝山了。

山中有一种名叫梁渠的异兽,长得像山猫,但头是白色的,而且爪子十分锋利,一看就很不好惹。梁渠的奇异能力和狙如类似,一旦它出现在哪个国家,那里就一定会被卷入可怕的大战。所以,大概没有什么人会去历石山里招惹这种动物吧。

闻獜

◎ 出自《中山经》

几山，其木多楢、檀、杻，其草多香。

有兽焉，其状如彘(zhì)，黄身、白头、白尾，

名曰闻獜(lín)，见则天下大风。

彘：猪。

说文

几山上遍布楢树、檀树和杻树,都是有用之材,林间的草地上长满蘪芜、芍药等各种香草,令人心旷神怡。异兽闻獜就住在这片山林里。

闻獜长得像猪,身子是黄色的,头和尾巴是白色的。如果它跑出深山,就会刮起大风。狂风过境,会毁坏房屋和农作物,也是一种令人头疼的自然灾害,所以人们都希望闻獜舒服地住在它的山林里,千万不要到人间来。

鯥

◎ 出自《南山经》

柢(dǐ)山,多水,无草木。

有鱼焉,其状如牛,陵居,

蛇尾有翼,其羽在魼(xié)下,

其音如留牛,其名曰鯥(lù),

冬死而夏生,食之无肿疾。

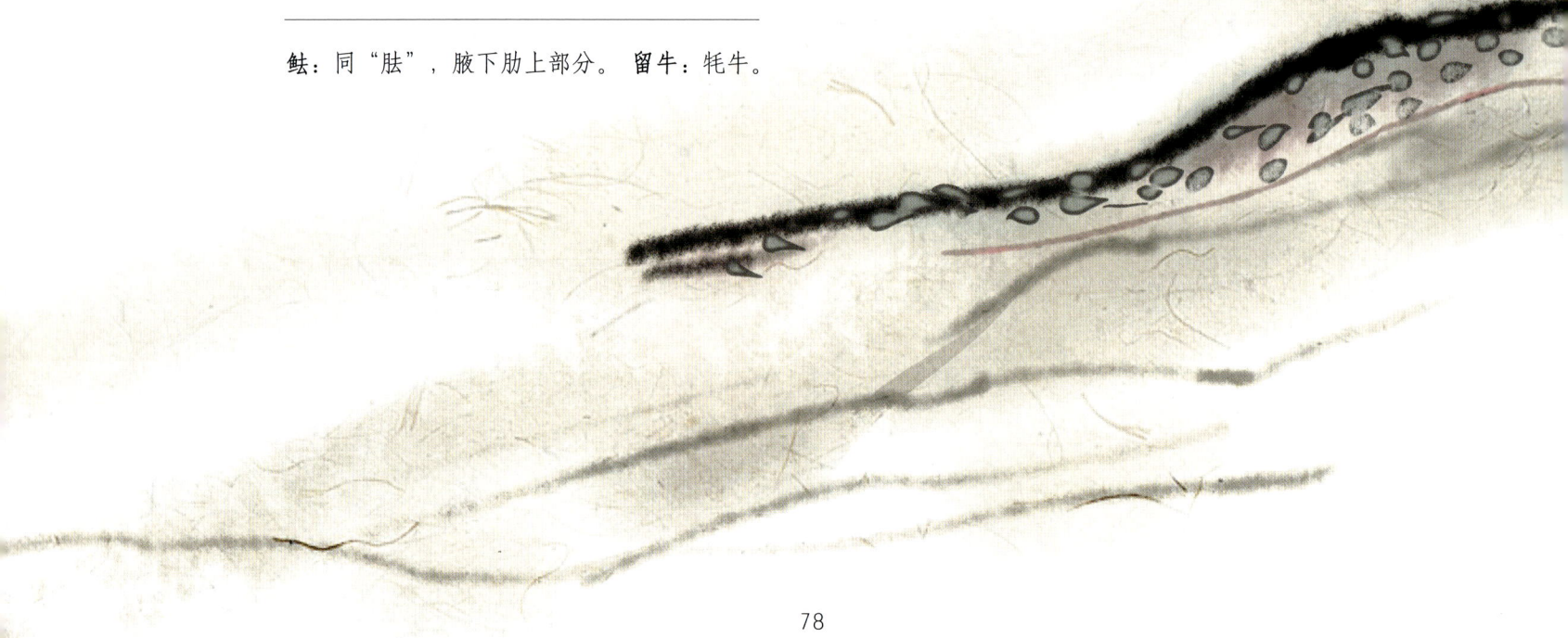

魼:同"胠",腋下肋上部分。 留牛:牦牛。

说文

抵山上到处都是泉水和山溪，却没有任何草木。山中生活着一种怪鱼，不是住在水里，而是住在山坡上，它的名字叫鲑。

鲑的样子像牛，鸣叫声也像牦牛，但是长着一条蛇尾，身体两侧还有一对翅膀。每到冬天，它就陷入沉睡，夏天才苏醒过来开始活动。所以古人认为，鲑是一种能够死而复生的神奇生物，对人而言，它的肉就是上好的药材，虽然不能让死者复生，但至少可以让人免于脓肿病的痛苦。

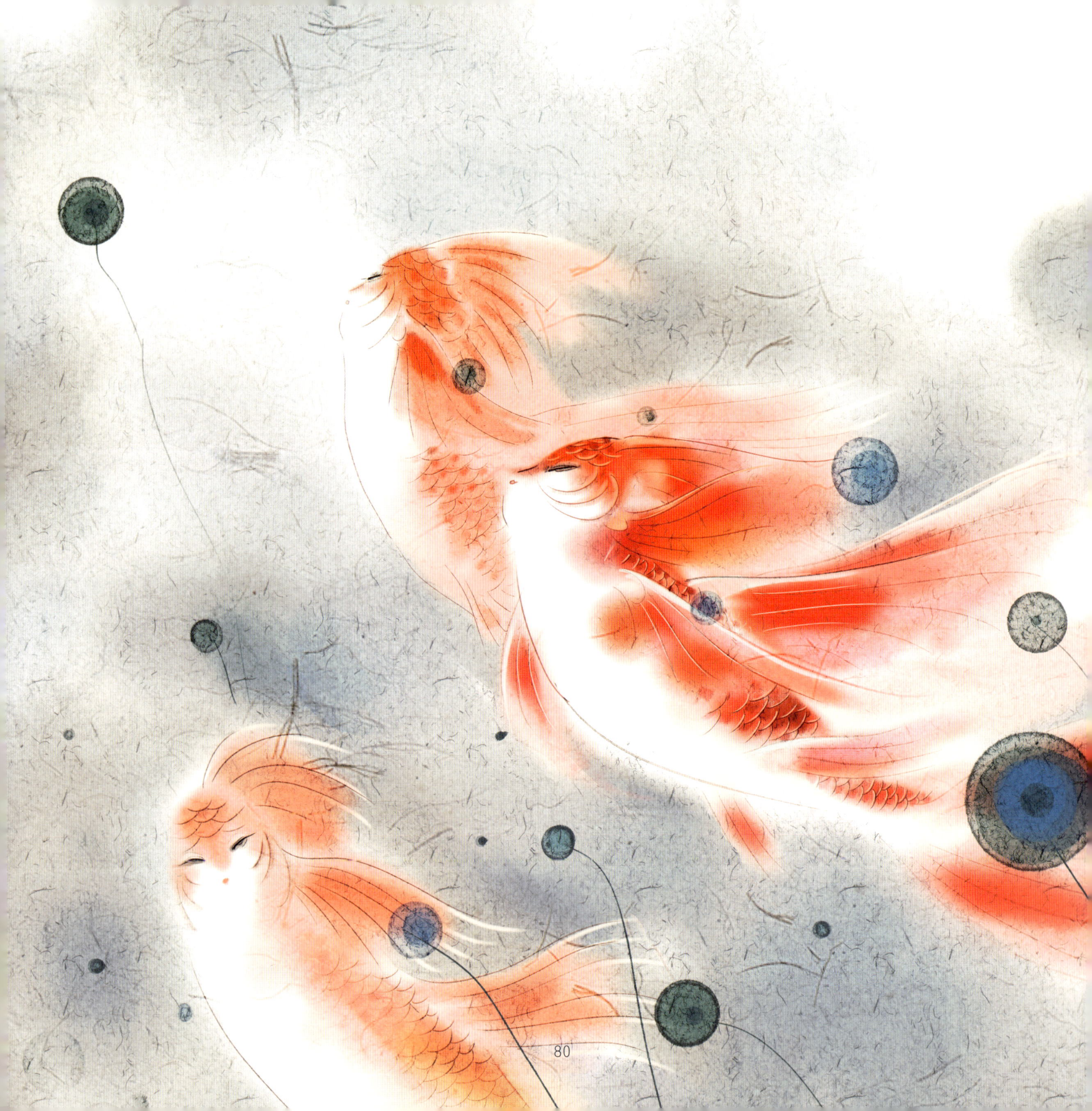

赤鱬

◎ 出自《南山经》

青丘之山……英水出焉，

南流注于即翼之泽。

其中多赤鱬(rú)，其状如鱼而人面，

其音如鸳鸯，食之不疥(jiè)。

疥：疥疮，一种皮肤病。

说文

　　英水从青丘山中发源，向南流去，注入即翼湖中。成群的赤鱬在河中来回游动。只看它的身体，这是一种相当漂亮的鱼，身上覆盖着明亮的红色鳞片，尾鳍舒展就像绯红的薄纱。它的鸣叫也很动听，像是鸳鸯的叫声。但是，赤鱬长着一张人脸，让它的样子有几分古怪。

　　古人认为，赤鱬的肉也有药用价值，人吃了之后，皮肤就不会生疮。不过，有多少人敢把一条长着人脸的鱼放在餐桌上呢？

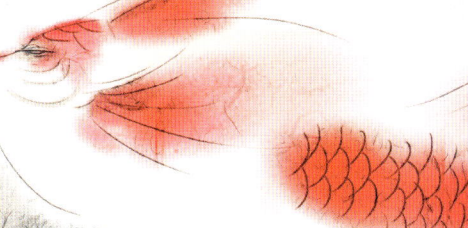

文鳐鱼

◎ 出自《西山经》

泰器之山,观水出焉,西流注于流沙。

是多文鳐鱼,状如鲤鱼,鱼身而鸟翼,

苍文而白首赤喙,常行西海,游于东海,以夜飞。

其音如鸾鸡,其味酸甘,食之已狂,见则天下大穰。

穰:丰收。

说文

  观水从泰器山中发源，向西流去，进入沙漠，水中有很多文鳐鱼。文鳐鱼的样子像是常见的鲤鱼，但嘴是红色的，头则是白色的，身上布满青色花纹，背上还长着一对翅膀。它经常用这对翅膀在夜间飞翔，从西海飞到东海。

  文鳐鱼也是祥瑞的象征，鸣叫声像鸾鸟，它出现的时候，预示着天下将会大丰收。据说，它的肉味酸甜，人吃了还可以治愈精神疾病。但是，要抓到一条又能飞又能游的神鱼，可不容易呢。

冉遗

◎ 出自《西山经》

英鞮(dī)之山，上多漆木，下多金、玉，鸟兽尽白。

浣(yuān)水出焉，而北流注于陵羊之泽。

是多冉(rǎn)遗之鱼，鱼身蛇首六足，

其目如马耳，食之使人不眯，可以御凶。

说文

英鞮山上长满漆树，山脚盛产黄金和美玉，无论山中的走兽还是飞鸟，毛羽一律是纯白色，非常漂亮。浣水从山中发源，向北流入陵羊湖中。水中生活着一群名叫冉遗的怪鱼，鱼身蛇头，还长着六只脚，外形非常奇特。

冉遗眼睛的形状像马的耳朵。马的听觉非常灵敏，相应地，冉遗的视力也很敏锐。据说，人如果能够吃一条冉遗，自己的感知也会变得敏锐，晚上睡着时，就不会迷失在可怕的梦魇中。古人认为，梦魇多半是鬼怪造成的，所以冉遗被他们当作了辟邪的灵物。

85

鳑鮍

◎ 出自《西山经》

鸟鼠同穴之山……滥(jiàn)水出于其西，西流注于汉水。

多鳑(rú)鮍(pí)之鱼，其状如覆铫(diào)，

鸟首而鱼翼鱼尾，音如磬(qìng)石之声，是生珠玉。

铫：有柄的小锅。　磬：石质打击乐器。

说文

  遥远的西方有一座高山,因为小鸟和老鼠共同居住在山洞里,得名鸟鼠同穴之山。滥水从山的西部发源,向西流去汇入汉水。

  河里有很多名叫䱤鮨的怪鱼。它长着鱼鳍和鱼尾,头却像鸟一样,整个身体则像一口倒扣的锅。如果敲敲这口"锅",它还会发出清脆的叫声,就像乐师用小锤击打石磬一样。

  传说,䱤鮨能够吐出珍珠和美玉。如果谁能够抓到一条䱤鮨,只靠它吐出的宝贝,就可以发家致富。但是,滥水那么遥远,路途那么艰难,又有几个人能够到达呢?

鳛 鳛

◎ 出自《北山经》

涿(zhuō)光之山，嚣(xiāo)水出焉，而西流注于河。

其中多鳛(xí)鳛之鱼，其状如鹊而十翼，

鳞皆在羽端，其音如鹊，可以御火，食之不瘅(dān)。

瘅：热症，疟疾。

说文

嚣水从涿光山中发源，向西流去汇入黄河，许多名叫鳛鳛的怪鱼在水中游动。

鳛鳛的样子就像一只喜鹊，叫声也像喜鹊，但是它长着十只翅膀，翅膀上的每一根羽毛尖端都附着一块闪光的鳞片。它拍打翅膀时，卷起的风都带着水汽，可以扑灭所有的火焰。

据说，人如果吃一条鳛鳛，就不会得疟疾。这大概是因为，疟疾的症状是高烧，而人们希望鳛鳛的翅膀能够降低这滚烫的温度吧。

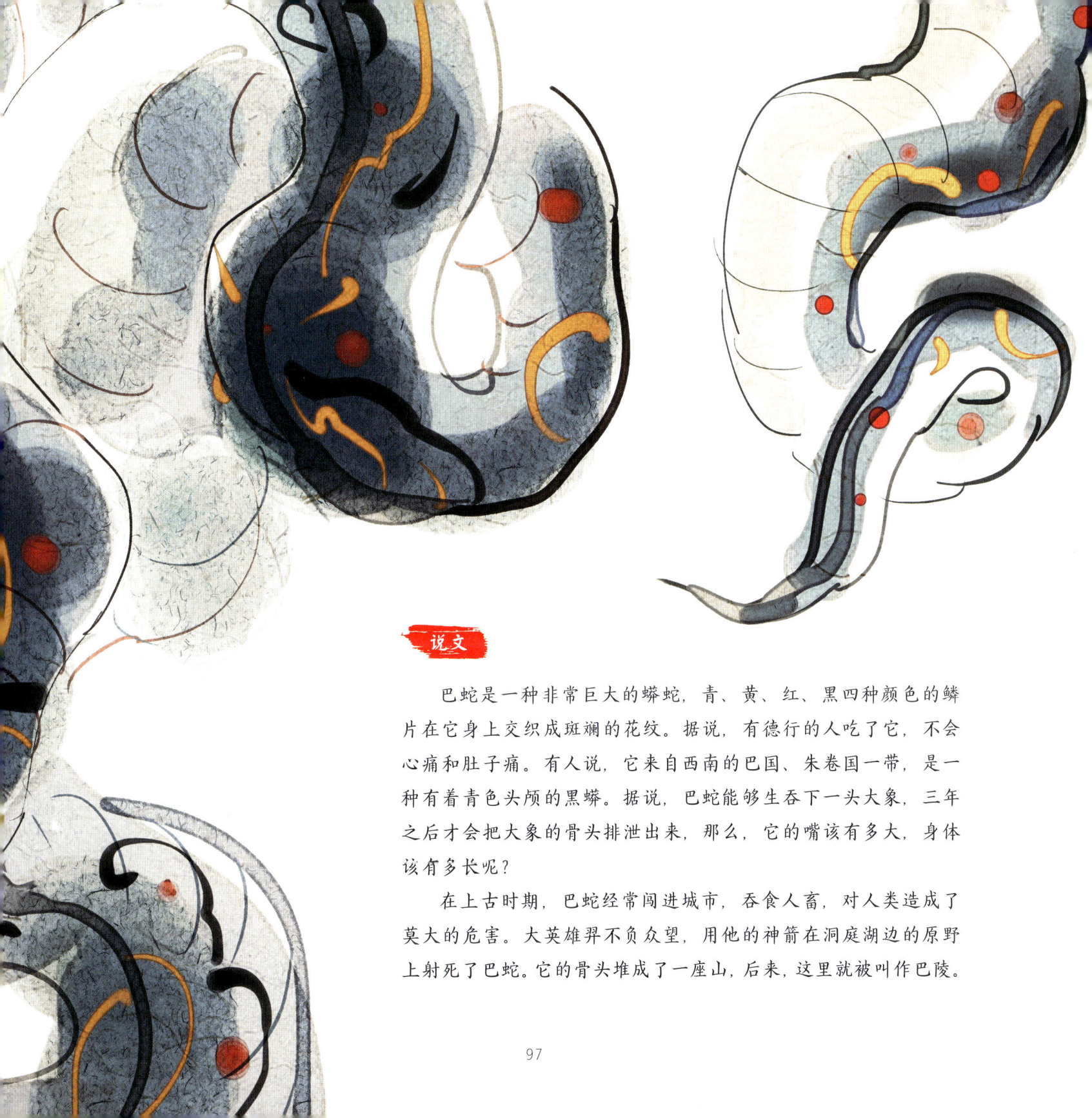

说文

巴蛇是一种非常巨大的蟒蛇,青、黄、红、黑四种颜色的鳞片在它身上交织成斑斓的花纹。据说,有德行的人吃了它,不会心痛和肚子痛。有人说,它来自西南的巴国、朱卷国一带,是一种有着青色头颅的黑蟒。据说,巴蛇能够生吞下一头大象,三年之后才会把大象的骨头排泄出来,那么,它的嘴该有多大,身体该有多长呢?

在上古时期,巴蛇经常闯进城市,吞食人畜,对人类造成了莫大的危害。大英雄羿不负众望,用他的神箭在洞庭湖边的原野上射死了巴蛇。它的骨头堆成了一座山,后来,这里就被叫作巴陵。

导读

想象古人思维　在现实中创造

　　《山海经》是一部带着时间面纱的神秘书籍，历史上曾一度被认为是上古遗作。其中内容亦真亦幻，有人把她看作"古今语怪之祖"；有人认真地以书中记述勘对现实的地理风物；也有人在神话式的文本中追踪古代先民的自然科学观、历史社会观。尽管对于《山海经》的理解莫衷一是，却丝毫不影响读者探究这部书的兴致，反而更使她增添了魅力。作为画者，将自己投入那个遥远的绮丽世界，经历一番幻想之旅，是一件非常愉快，并且收获满满的事。

　　阅读就像听人谈天，在"聆听"中领略他人的世界。《山海经》就向我们透露了许多生活在遥远过去的人们的所思所想。比如擅长走路、形似半人马的钉灵国人，和可以骑乘日行千里的神兽驺吾，在交通工具原始的时代里，这些臆想的形象或许寄托着人们对提升出行效率的憧憬；又像是衣食丰饶、百兽和谐群处的"载民国"，仿佛是《山海经》中的"伊甸园"，是人们对理想社会的描述；而那些食之使人忘忧、升仙的雪域仙草、水底玉膏之类，则反映出古人们对健康、快乐的渴望。所以在构思插画时，我会时时想到人与物的关联。在我表现灵草、异兽的画面里，会时而出现采集者攀山、潜渊的身影，或受益者惬意忘形的样子。

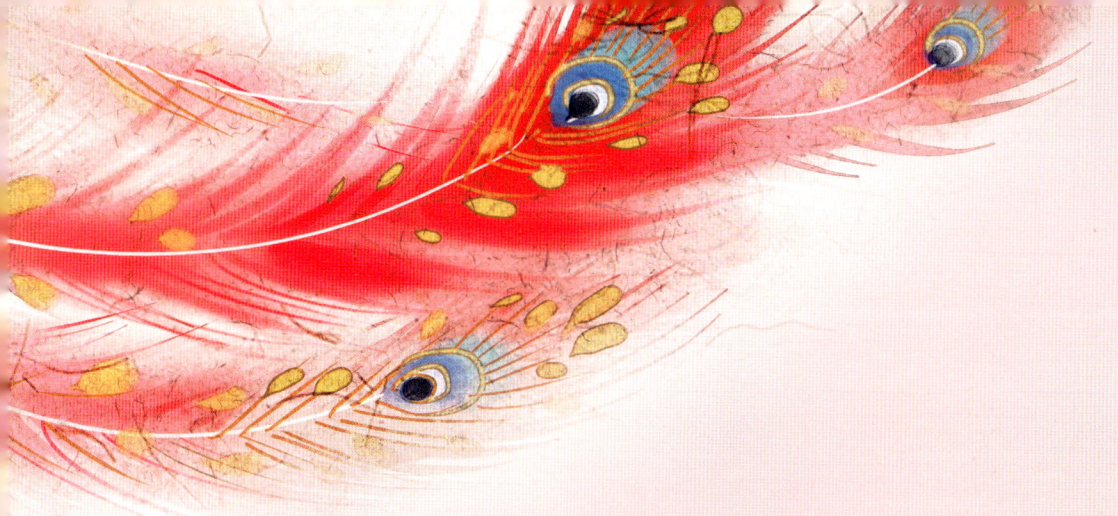

除此之外，《山海经》中绚丽多彩的神仙世界，为我们展现了上古先民对于自然界充满好奇与想象的洞察与思考，比如《山海经》中的东南西北四神——"句芒""祝融""蓐收""禺强"，分别执掌春、夏、秋、冬。他们有着半人半兽、御龙盘蛇的奇异造型；各自对应四方气候，五行、色彩等元素。古人以此阐发他们对于自然现象以及事物间关联的思考与解释：象征生命萌发的东方句芒与春天、青木对应；象征旺盛、炙烈的南方祝融与夏天、赤火对应；象征收敛、刑罚的西方蓐收与秋天、白色对应；象征冷酷死亡的北方禺强与严冬、黑水对应。这些信息不仅给构思画面提供了形象、色彩和辅助元素的依托，还启发了我延展创造的方向。比如春神句芒与冬神禺强的主要特征都是人面鸟身，似乎有些雷同，但如果沿着他们各自对应的象征意象推想，用区别人物年龄来展现人物差异的思路，就很自然地浮现出来了。少年春神与老者冬神的人物设计便由此而来。

与四季之神、日月之神、风神、雨神、山川之神，这些各自统御一方的神明相比，"烛阴"显得与众不同。它的眼睛开闭，便是昼夜更替；它的呼吸之间，便有冬夏往复。在这一版画面构思中，日月、四季不再各行其是，而被整合成同一个成因。从这样的表述里，我隐约看到人们对于万物间隐形关联的猜测，似乎是整体生态观念的雏形，是古代先民对整个生态的拟人想象。出于这样的理解，我选用跨页式的构图，突显自然界的整体感。

所有创造都不可能架空于客观世界而孤立存在，《山海经》也不例外。在那些被恣意想象渲染的艺术形象之中，我们总能看到现实的影子。我在构思插画时，也会采用这样真、假相融的创作方法。例如，《山海经》中的"西王母"与我们印象中华服威严的掌权者形象不同，她尖牙虎尾，以穴为居，能长啸御鸟，让我联想到一位原始能力者的形象。于是这个人物的设计思路是在穴居人形象的基础上加入艺术加工。

　　《山海经》中还有很多在现实中似曾相识的异兽，比如似牛而一角的兕、鸟喙蛇尾、遇到危险就蜷起身子装睡的犰狳，鱼身鸟翼的文鳐鱼。画这些带有神话色彩的形象时，我参考了犀牛、穿山甲、飞鱼这些现实中的生物，再稍做演义，保留异兽的些许奇异特征。

　　《山海经》为我们打造了一个光怪陆离的文字世界。对于人类文明的发展历史来说，这是一个或许蒙昧，却天真有趣、生气蓬勃的阶段。可惜，我们没有机会体验鸿蒙之初，先民们开辟天地，跬步前行，一点点开拓新知的艰难与欣喜。但我们可以理性地拂开文字间的迷云幻彩，探求历史的真相；亦可以放松地畅游于天马行空的想象国度，接受艺术的启发与滋养；最重要的是，作为读者和绘者的您和我，可以通过阅读文字、欣赏插图，一起回顾我们文明的童年，了解自己从何而来。

尧立

作者

罗　旻　北京大学元培学院文学、哲学学士，北京大学哲学系硕士，北京大学中文系博士。现为北京航空航天大学人文与社会科学高等研究院教师，开设《诗经》导读等课程，屡次获"十佳教师"奖项。已出版"陪孩子读诗经"系列。擅长旧体诗词创作。

尧　立　职业插画师，毕业于清华美院中国画专业，主要作品有《浮生六记》《秋灯琐忆》《词牌美人》《新猎物者》等，绘本有《我的老师》《天局》《梅花三弄》《广陵散》（荣获"第十八届中国动漫金龙奖绘本金奖"），"陪孩子读小古文"系列（荣获2021年度冰心图画书奖）。

审定

方　麟　北京大学中文系古典文献硕士、博士，清华大学国学研究院哲学博士后，北京教育学院中文系副教授。现任中国教育学会传统文化分会常务理事，全国国学素养水平测试专家委员会副主任。

图书在版编目（CIP）数据

陪孩子读山海经. 珍禽奇兽 / 罗旻编著；尧立绘
. — 北京：中国少年儿童出版社，2022.10
ISBN 978-7-5148-7668-0

Ⅰ.①陪… Ⅱ.①罗… ②尧… Ⅲ.①历史地理－中国－古代②《山海经》－儿童读物 Ⅳ.① K928.626-49

中国版本图书馆CIP数据核字（2022）第168433号

ZHENQIN QISHOU
（陪孩子读山海经）

出版发行：中国少年儿童新闻出版总社
　　　　　中国少年児童出版社

出 版 人：孙 柱
执行出版人：马兴民

策划编辑：史 钰	责任校对：杨 雪
责任编辑：史 钰	责任印务：厉 静
美术编辑：王点点	

社　　址：北京市朝阳区建国门外大街丙12号	邮政编码：100022
编辑部：010-57526318	总编室：010-57526070
发行部：010-57526568	官方网址：www.ccppg.cn

印　刷：北京利丰雅高长城印刷有限公司

开本：889mm×1194mm　1/12	印张：9
版次：2022年10月第1版	印次：2022年10月北京第1次印刷
印数：1-5000册	
ISBN 978-7-5148-7668-0	定价：79.80元

图书出版质量投诉电话010-57526069，电子邮箱：cbzlts@ccppg.com.cn